山居诗语

Poetry Anthology by GUANHEXIN

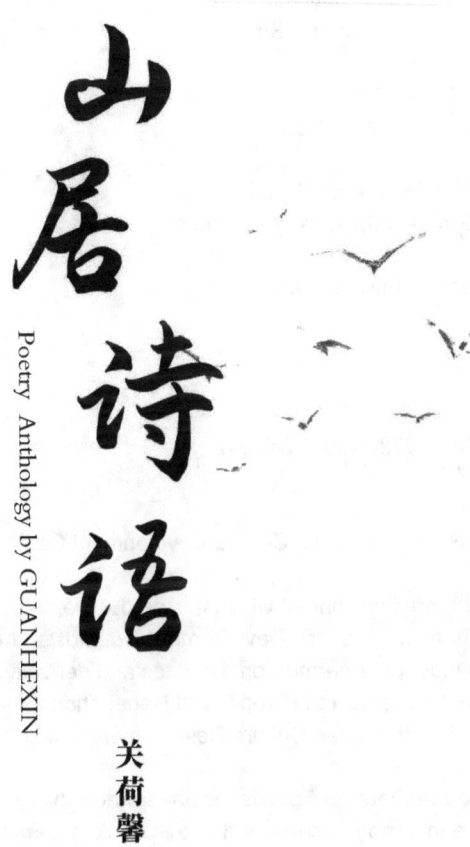

关荷馨 著

BILLSON International Ltd.

Published by
Billson International Ltd
27 Old Gloucester Street
London
WC1N 3AX
Tel:(852)95619525

Website:www.billson.cn
E-mail address:cs@billson.cn

First published 2024

ISBN 978-1-80377-072-7

©Hebei Zhongban Culture Development Co.,Ltd All rights reserved.

The original content within this product remains the property of Hebei Zhongban Culture Development Co.,Ltd, and cannot be reproduced without prior permission. Updates and derivative works of the original content remain the property of Hebei Zhongban. and are provided by Hebei Zhongban Culture Development Co.,Ltd.

The authors and publisher have made every attempt to ensure that the information contained in this book is complete, accurate and true at the time of printing. You are invited to provide feedback of any errors, omissions and suggestions for improvement.

Every attempt has been made to acknowledge copyright. However, should any infringement have occurred, the publisher invites copyright owners to contact the address below.

Hebei Zhongban Culture Development Co.,Ltd
Wanda Office Building B, 215 Jianhua South Street, Yuhua District, Shijiazhuang City, Hebei province, 2207

出版缘起

中国是一个诗歌的国度,诗歌伴随了中国几千年的文明史,承载着中国人内心深处的情感与支撑个体的精神力量。很多文人雅士喜欢用诗歌来描绘山居生活的惬意和悠闲,表达安贫乐道、洁身自好的高雅志趣和不与世事沉浮的独立人格。

山居诗是在魏晋玄学思想的基础上产生,魏晋士人游山玩水,不仅仅是因为山水之美使得他们喜而忘归,更重要的是他们在山水中可以感悟到人生的真谛,从而掌握人生的精神支柱。中国古代士人受儒家和道家思想影响最为深入,他们在官场得意时主张儒家之道,失意后主张道家学说,通过亲近清净的山水可以体悟老庄之道。

陶渊明是东晋时期开创性的山水田园诗人,其恬淡闲适的诗风为后代文人所效仿,在山水画中以陶渊明诗文为题材的画作不胜枚举,如各种桃源图等,画家通过此类作品表达对桃源仙境的理想和追求。唐代王维的诗人身份,为他诗画同源的观点提供必要的文化奠基。被奉为"水墨画之祖"的王维,无论是诗还是画,都有耐人寻味的禅意之美,令人迷醉。其《雪溪图》画法简单,但给人以平远清疏、冷逸空灵的意境,展现出恬淡静谧的气息,禅意十足。

诗中有画,画中有诗。诗是无形画,画是有形诗。画家以诗入画,诗人为画题诗,诗歌与绘画相互贯通,共同发展和繁荣,这是值得每个中国人引以为傲的极具中国特色的文化艺术传统。"气霁地表,云敛天末。洞庭始波,木叶微脱。"出自谢庄的《月赋》;"春草碧色,春水渌波。送君南浦，伤如之何。"出自江淹的《别赋》；"四更山吐月，残夜水明楼。"出自杜甫的《月》；"海风吹不断，江月照还空。"出自李白《望庐山瀑布水二首》。以上诗句均曾作为北宋画院的考题，这体现了宋代对于院体画诗意表达的重视和追求。在山水画最盛的明代，仅《明画录》就载有四百多位山水画家。他们注重诗、书、画的有机结合，使得文人画这一优良传统更臻完美。平沙落雁、远浦归帆、江天暮雪、洞庭秋月、潇湘夜雨、烟寺晚钟、渔村落照等景象无不透出一种浪漫悠闲的诗意气息，文人们通过绘画表达对山居生活的向往，在画中注入山水诗文的灵性，为文人画注入新的独特的审美元素，山居诗也因山水画的发展而日益多元和丰富。

山居诗的发展对中国哲学也产生了深远的影响。山居诗在漫长的历史中继承、创新与发展，逐渐融入了仙学气息、隐逸情怀和佛道思想，诗人通过禅诗和玄言诗来描写清幽玄远的意境并阐释甚深微妙的哲理。禅宗六祖慧能大师的开悟诗"菩提本无树，明镜亦非台，本来无一物，何处惹尘埃"被世人传颂千年并启发无数人对于"明心见性"的思考和探索，道家祖师白玉蟾的"白云黄鹤道人家，一琴一剑一杯茶。羽衣常带烟霞色，不染人间桃李花。"淋漓尽致地描绘出道人生活的潇洒自在，引发无数人对"道法自然"的向往和追寻。禅理入诗，以诗言道，山居诗作为一种独特的写作传统，逐渐充满禅意与仙风，诗以载道的功能凸显，成为中国哲学史上一个特殊的文化现象。

笔者在北京生活了近三十年，每天面对的是鳞次栉比的写字楼、喧嚣的人群和车流，内心更加向往和渴望山林生活。《山居诗语》共收纳了笔者近年来创作的山居诗词600余篇，这些诗词均刊发在国内各诗刊平台，诗里有松月花云、高士知己、桃园洞天，还有观雨、抚琴、采药、品茶、听云、问道等诸多雅事，展现了山水中人逍遥自在、怡然自得的状态以及通透自然、无所谓名利、独与精神而往来的高尚志趣。

本书能够出版，首先要感谢我的父母多年来对我无私的关爱、鼓励、支持和付出，还要感谢一直关心我的亲友、同学和师长对我的帮助和支持。山居生活没有清苦，没有寂寞，只有诗意与闲适。跟着《山居诗语》去旅行吧！笔者衷心希望，这本书能够带您走进世外桃源！

关荷馨
2024年1月于北京

目录

七绝·山居梦 / 001
七绝·山中春日 / 001
五绝·暮春 / 001
七绝·花思 / 002
五绝·春山 / 002
五绝·归山 / 002
七绝·花居 / 003
七绝·山居 / 003
七绝·花忆 / 003
七绝·春思 / 004
五绝·秋山 / 004
五绝·秋思 / 004
七绝·元日雪夜访友 / 005
四绝·壬寅年五一假日感怀 / 005
四绝·庐中 / 006
五绝·庐中居 / 006
七绝·庐中隐 / 006
五绝·庐中吟 / 007
五绝·花境 / 007
七绝·清和节山中遇故人 / 007
七绝·壬寅立夏感怀 / 008
七绝·壬寅立夏 / 008
七绝·花梦 / 008
七绝·桃源居 / 009
七绝·春山仙境 / 009
七绝·花夕 / 009
七绝·煮雪烹茶 / 010

七绝·山中道人 / 010
七绝·竹庐听雪 / 010
七绝·花归 / 011
七绝·上元节 / 011
七绝·山中问道 / 011
七绝·道院春日 / 012
五绝·禅院钟声 / 012
七绝·寒山僧踪 / 012
五绝·花情 / 013
五绝·花话 / 013
七律·芒种雅集抒怀 / 013
七绝·高原行旅 / 014
七绝·忆故人 / 014
五绝·策杖寻幽 / 014
五绝·竹林观瀑 / 015
七绝·武夷山小居 / 015
七绝·花幻 / 015
五绝·归来 / 016
五绝·抚琴 / 016
五绝·采药 / 016
五绝·观雨 / 017
七律·竹庐山房 / 017
西江月·山水间 / 018
西江月·兰香涧 / 018
西江月·大理山居幽赏 / 019
五绝·空山道人 / 019
五律·普陀山居 / 020

I

五律·归去来兮 / 020
五律·林泉高致 / 021
七绝·普陀巡礼 / 021
七绝·问道崂山 / 021
五律·秋山古寺 / 022
七律·深山策杖 / 022
七绝·溪山访友 / 023
七律·秋山幽赏 / 023
七绝·桂林幽居 / 023
玉楼春·山居 / 024
玉楼春·归去 / 024
玉楼春·羁客行旅 / 025
七律·鸡足山小居 / 025
五绝·秋山 / 026
五绝·幽谷流泉 / 026
五绝·冬日山居 / 026
五绝·孤峰独坐 / 027
五绝·空山春色 / 027
五绝·栖隐 / 027
七绝·空山秋色 / 028
七绝·云上高卧 / 028
七绝·春日幽居 / 028
喜迁莺·水云间 / 029
喜迁莺·松风花月 / 029
喜迁莺·崆峒山问道 / 030
五律·空山幽林 / 030
五律·春山新雨 / 031
五律·秋山幽居 / 031
五律·林溪高隐 / 032
七绝·小暑抒怀 / 032
七绝·松下抚琴 / 032
七绝·临渊听松 / 033

五绝·溪山烟树 / 033
七绝·桃花溪 / 033
七绝·幽人观瀑 / 034
七绝·夏日幽怀 / 034
七绝·苍山春去 / 034
七绝·渔歌唱晚 / 035
七绝·溪上茅屋 / 035
七律·闲居空谷 / 035
更漏子·山居 / 036
更漏子·幽隐 / 036
更漏子·离尘 / 037
七律·苍山幽居 / 037
五绝·幽林访友 / 038
五绝·烟水孤篷 / 038
七绝·幽林烟树 / 038
七绝·古寺烟云 / 039
七绝·秋寺寻幽 / 039
五律·空谷幽居 / 039
七绝·桃花院 / 040
鹊桥仙·归去 / 040
鹊桥仙·悟玄 / 041
鹊桥仙·道情 / 041
七绝·孤舟柳岸 / 042
七绝·空亭独坐 / 042
七绝·送君归 / 042
五绝·松间隐者 / 043
七绝·绝壁幽寺 / 043
五律·山中秋色 / 043
七绝·荷田秋色 / 044
七绝·秋日幽居 / 044
七绝·绝壁孤松 / 044
七绝·仲秋吟 / 045

七律·白露抒怀 / 045
七律·冬日山居 / 046
七绝·游凤凰山 / 046
七绝·秋日抒怀 / 046
七绝·雁落平沙 / 047
七律·乡野秋居 / 047
苏幕遮·悟禅 / 048
苏幕遮·归隐 / 048
苏幕遮·归一 / 049
七绝·桃园居 / 049
七绝·月照花溪 / 049
七绝·独坐秋山 / 050
七绝·幽人独钓 / 050
五律·明德求真 / 050
五绝·晚春 / 051
五绝·洞天幽居 / 051
金错刀·林泉 / 051
金错刀·逍遥 / 052
金错刀·崂山幽居 / 052
五绝·寻幽 / 053
五律·道院幽居 / 053
五律·空山秋月 / 053
五律·南山古寺 / 054
七律·山居秋颂 / 054
七律·峨眉秋居 / 055
七律·终南幽居 / 055
七绝·兰香院 / 056
七绝·幽谷观瀑 / 056
七绝·秋夕 / 056
七绝·秋江暮色 / 057
七绝·日照千山 / 057
七绝·草堂秋居 / 057

七绝·独居幽谷 / 058
七绝·春山晓翠 / 058
七绝·秋山幽隐 / 058
七绝·孤舟野渡 / 059
七绝·野渡秋江 / 059
七律·武当秋居 / 059
七律·三清山幽居 / 060
五绝·灵山秀色 / 060
五绝·秋江雨后 / 060
五绝·空谷吟 / 061
五绝·云水吟 / 061
五绝·落花吟 / 061
醉花阴·忘机 / 062
行香子·仲秋吟 / 062
沁园春·梦蝶 / 063
洞仙歌·道情 / 064
五律·悟道 / 064
五律·秋山栖隐 / 065
五律·山居雅趣 / 065
五律·洞庭秋居 / 066
七绝·古寺晚秋 / 066
无愁可解·修真 / 067
风入松·栖隐崆峒 / 068
七绝·峨眉春色 / 068
满庭芳·虚无 / 069
水调歌头·春山烟雨 / 070
七律·九华山幽居 / 070
永遇乐·离尘 / 071
永遇乐·逍遥 / 072
七律·空山秋日 / 072
一丛花·归元 / 073
一丛花·守一 / 073

五绝·踏春 / 074
五绝·雨后 / 074
七绝·抚琴 / 074
一剪梅·乐道 / 075
五绝·独行 / 075
五律·幽境 / 076
五绝·听琴 / 076
一剪梅·逍遥 / 077
五律·禅境 / 077
七律·道情 / 078
七律·修真 / 078
七绝·赠韩一甯老师 / 079
七绝·赠琴仙 / 079
七绝·琴道 / 079
七绝·琴情 / 080
凤凰阁·水云间 / 080
凤凰阁·携琴访友 / 081
五绝·庭院幽情 / 081
五绝·春水月光 / 081
五绝·瑶琴清音 / 082
五绝·空谷禅心 / 082
七绝·月印千江 / 082
七绝·春日独行 / 083
七绝·故人来访 / 083
七绝·高卧林泉 / 083
七绝·花落清溪 / 084
五绝·无尘 / 084
五绝·山中访友 / 084
山花子·无忧 / 085
山花子·清欢 / 085
七绝·山房 / 086
五绝·水月 / 086

七绝·山居 / 086
五绝·空山 / 087
七绝·空山妙趣 / 087
霜天晓角·兰香院 / 087
霜天晓角·花间住 / 088
五绝·清静 / 088
七绝·潇湘云水 / 088
七绝·竹林深处 / 089
五绝·心清 / 089
七绝·空谷抚琴 / 089
五绝·空寂 / 090
七绝·观瀑听风 / 090
五绝·春和景明 / 090
七绝·云山雅意 / 091
七绝·携琴访友 / 091
七绝·秋夜抚琴 / 091
七绝·独坐松林 / 092
两同心·机心忘 / 092
两同心·逍遥客 / 093
七绝·幽隐苍山 / 093
七绝·松风皓月 / 094
七绝·秋山萧寺 / 094
七绝·林下优游 / 094
七绝·溪山烟树 / 095
七绝·天晴雨霁 / 095
七绝·苍崖古寺 / 095
七绝·武当夏日 / 096
虞美人·桃源胜境 / 096
虞美人·武当问道 / 097
七绝·庐中日月 / 097
七绝·庐中闲居 / 097
五绝·雪夜读经 / 098

七绝·独坐庐中 / 098
七绝·雨洗空山 / 098
七绝·雨后松风 / 099
五绝·秋山 / 099
七绝·庐中默坐 / 099
七绝·空谷荒亭 / 100
七绝·雪满空山 / 100
七绝·归元 / 100
朝中措·清虚 / 101
朝中措·优游 / 101
五绝·落雪听禅 / 102
五绝·灵隐钟声 / 102
五绝·松窗读易 / 102
七绝·寒山雪霁 / 103
七绝·息心 / 103
七绝·幽居 / 103
七绝·山中岁月 / 104
七绝·围炉煮雪 / 104
七绝·寻春 / 104
望仙门·林泉高卧 / 105
望仙门·觅幽玄 / 105
七绝·归隐南山 / 106
七绝·雨过茶园 / 106
五绝·禅院晚钟 / 106
五绝·空谷仙翁 / 107
七绝·桃花落 / 107
七绝·空山萧寺 / 107
五绝·幽谷秋色 / 108
五绝·雁过寒潭 / 108
七绝·林泉高卧 / 108
七绝·古寺寻幽 / 109
七绝·庭院幽居 / 109

七绝·青山隐居 / 109
七绝·幽壑听泉 / 110
卜算子·围炉煮茶 / 110
卜算子·逍遥 / 111
七绝·空山古寺 / 111
七绝·围炉煮茶 / 111
七绝·林泉卧游 / 112
七绝·春日幽赏 / 112
七绝· 太古清音 / 112
五绝·秋日闲居 / 113
五绝·山中听雨 / 113
七绝·踏雪寻梅 / 113
五绝·太古春 / 114
五绝·清虚 / 114
临江仙· 松间石上 / 114
临江仙·晚春暮雨 / 115
七绝·溪桥策杖 / 115
七绝·松下听风 / 115
七绝·仙音雅意 / 116
五绝·雪落梅林 / 116
五绝·空山琴韵 / 116
五绝·悟玄 / 117
七绝·空谷松风 / 117
五绝·孤舟自渡 / 117
七绝·春日山居 / 118
七绝·桃源胜境 / 118
七绝·溪山烟雨 / 118
五绝·独坐松云 / 119
七绝·栖隐空山 / 119
七绝·道情 / 119
七绝·溪山秋色 / 120
七绝·优游林下 / 120

v

七绝·山林客 / 120
七绝·山居吟 / 121
五绝·山中春晓 / 121
五绝·山中雨后 / 121
七绝·闲坐竹亭 / 122
七绝·松鹤同春 / 122
七绝·崂山渔隐 / 122
七绝·云山墨戏 / 123
七绝·寒江鸥鹭 / 123
七绝·山静日长 / 123
七绝·普陀春色 / 124
七绝·寒江独钓 / 124
七绝·苍山幽赏 / 124
七绝·溪山雨霁 / 125
七绝·山中春事 / 125
七绝·水月空花 / 125
七绝·濯足清溪 / 126
七绝·花落水流 / 126
七绝·武当草堂 / 126
七绝·月落花溪 / 127
七绝·山林客 / 127
七绝·崂山栖隐 / 127
七绝·潇湘水云 / 128
五绝·秋山读易 / 128
五绝·山居幽赏 / 128
七绝·观瀑抚琴 / 129
七绝·直上青云 / 129
七绝·空谷清音 / 129
七绝·春山古寺 / 130
七绝·秋山听雨 / 130
七绝·禅茶一味 / 130
五绝·春山寻隐 / 131

五绝·春山行吟 / 131
七绝·春山忘机 / 131
七绝·万壑松风 / 132
七绝·求真 / 132
七绝·独坐竹亭 / 132
留春令·栖隐 / 133
留春令·离幻 / 133
七绝·终南栖隐 / 134
七绝·苍山茅屋 / 134
五绝·春山寻隐 / 134
七绝·春云叠嶂 / 135
七绝·草亭抚琴 / 135
七绝·花溪箫声 / 135
七绝·书斋墨戏 / 136
七绝·书斋清赏 / 136
七绝·书斋抚琴 / 136
七绝·春山幽赏 / 137
望江东·溪山幽赏 / 137
望江东·秋山幽赏 / 138
七绝·太湖幽隐 / 138
七绝·空山幽隐 / 138
五绝·风雷引 / 139
七绝·采药 / 139
七绝·春日吟 / 139
七绝·苍山幽隐 / 140
点绛唇·栖隐苍山 / 140
点绛唇·桃花院 / 141
五绝·丹东江桥 / 141
七绝·武当幽居 / 141
七绝·东篱赏菊 / 142
七绝·道人舞剑 / 142
楼上曲·终南山居 / 142

楼上曲·逍遥 / 143
五绝·归来 / 143
七绝·夏日幽居 / 143
五绝·春山闲居 / 144
七绝·青城山居 / 144
七绝·山林诗情 / 144
七绝·琴上听泉 / 145
七绝·仙人抚琴 / 145
七绝·归元 / 145
七绝·春日吟 / 146
七绝·武当山居 / 146
更漏子·闲情 / 146
更漏子·道情 / 147
忆少年·逍遥 / 147
忆少年·繁花 / 148
七绝·峨眉山居 / 148
七绝·水云居 / 148
七绝·溪山雨霁 / 149
五绝·山居 / 149
七绝·笔底烟云 / 149
七绝·采药 / 150
锦帐春·忘机 / 150
锦帐春·无忧 / 151
七绝·春日山居 / 151
七绝·崂山幽居 / 151
七绝·空山默坐 / 152
五绝·晚春暮雨 / 152
七绝·崂山幽隐 / 152
七绝·松花酿酒 / 153
五绝·寒山月夜 / 153
七绝·山中春色 / 153
燕归梁·天真 / 154

燕归梁·闲情 / 154
七绝·四时春 / 155
七绝·闲坐书斋 / 155
五绝·蝶梦 / 155
五绝·秋山幽居 / 156
五绝·山居 / 156
五绝·墨戏 / 156
五绝·桃花院 / 157
五绝·听松 / 157
五绝·寻仙 / 157
五绝·归去 / 158
七绝·闲情 / 158
七绝·春云叠嶂 / 158
七绝·松涧听泉 / 159
七绝·溪山幽隐 / 159
七绝·苍山幽隐 / 159
七绝·日落花溪 / 160
浪淘沙令·山居 / 160
浪淘沙令·清欢 / 161
七绝·春日山居 / 161
五绝·独钓 / 161
七绝·黄山幽居 / 162
七绝·天台山居 / 162
七绝·崂山幽居 / 162
七绝·九华山居 / 163
七绝·山中清趣 / 163
七绝·夏日山居 / 163
七绝·庐中幽趣 / 164
七绝·草堂幽居 / 164
七绝·春日幽趣 / 164
七绝·仙山春晓 / 165
七绝·春山读易 / 165

VII

七绝·春山幽隐 / 165
七绝·抚琴 / 166
采桑子·忘机 / 166
采桑子·归去 / 167
五绝·紫阳观 / 167
五绝·普陀山居 / 167
七绝·春山闲居 / 168
七绝·笔底江山 / 168
七绝·雨后春山 / 168
七绝·弦上听泉 / 169
五绝·风雅 / 169
五绝·春山闲趣 / 169
七绝·山中幽趣 / 170
五绝·春山 / 170
五绝·云山墨戏 / 170
七绝·普陀幽居 / 171
七绝·春山闲居 / 171
五绝·雨后 / 171
七绝·画里桃源 / 172
七绝·空谷幽深 / 172
五绝·忘归 / 172
七绝·水月 / 173
眼儿媚·清虚 / 173
眼儿媚·归去 / 174
五绝·作画 / 174
七绝·笔写春山 / 174
七绝·武当山逍遥谷 / 175
七绝·冬日山居 / 175
七绝·雾锁清溪 / 175
七绝·山静日长 / 176
五绝·雅事 / 176
五绝·虚无 / 176

五绝·崆峒山 / 177
七绝·采药 / 177
七绝·峨眉幽居 / 177
七绝·普陀幽居 / 178
七绝·崂山栖隐 / 178
七绝·笔底潇湘 / 178
七绝·问道 / 179
七绝·悬空寺 / 179
七绝·溪山雨后 / 179
纱窗恨·雨后崂山 / 180
纱窗恨·云山墨戏 / 180
七绝·春山闲趣 / 181
七绝·春水渔舟 / 181
五绝·春山闲居 / 181
七绝·听雪 / 182
五绝·听瀑 / 182
七绝·兰香院 / 182
五绝·溪山行旅 / 183
五绝·书斋雅事 / 183
七绝·听松观瀑 / 183
七绝·春江渔隐 / 184
七绝·春山秀色 / 184
七绝·月夜赏荷 / 184
七绝·崂山幽隐 / 185
五绝·林下会友 / 185
烛影摇红·山居闲趣 / 185
烛影摇红·笑傲林泉 / 186
七绝·书斋墨戏 / 186
七绝·春山暮色 / 186
七绝·采药归来 / 187
七绝·花香鹤影 / 187
七绝·秋山闲趣 / 187

七绝·溪山幽隐 / 188
七绝·访山僧不遇 / 188
五绝·幽涧清溪 / 188
秋蕊香·桃源洞 / 189
秋蕊香·苍岩松雪 / 189
七绝·华山云梯 / 190
七绝·幽篁鹤影 / 190
七绝·归来 / 190
七绝·华山幽趣 / 191
五绝·湖山清夏 / 191
五绝·高岩听雪 / 191
五绝·松壑流泉 / 192
七绝·月照秋山 / 192
红窗迥·华山幽隐 / 192
红窗迥·真味 / 193
七绝·秋江独钓 / 193
七绝·溪山清夏 / 193
浪淘沙令·五台山居 / 194
浪淘沙令·武夷山居 / 194
七绝·笔底潇湘 / 195
七绝·策杖寻幽 / 195
七绝·溪山清夏 / 195
七绝·山居清趣 / 196
七绝·洞天幽境 / 196
小重山·天真 / 196
小重山·溪山春日 / 197
七绝·溪山幽隐 / 197
七绝·苍山春晓 / 197
七绝·云山墨戏 / 198
七绝·峨眉幽隐 / 198
七绝·书斋会友 / 198
五绝·笔墨安禅 / 199

七绝·春山闲居 / 199
七绝·笔底江山 / 199
卜算子·良宵引 / 200
卜算子·蓬莱岛 / 200
七绝·洞庭秋居 / 201
七绝·明月海棠 / 201
苏幕遮·秋山幽居 / 201
苏幕遮·桃花岛 / 202
七绝·仲秋吟 / 202
五绝·听雨 / 202
七绝·松间春雪 / 203
七绝·春山幽居 / 203
七绝·溪山雨后 / 203
七绝·秋至溪山 / 204
七绝·拾花 / 204
七绝·山僧 / 204
七绝·舞鹤 / 205
忆秦娥·归去 / 205
忆秦娥·五台山居 / 206
七绝·春山幽趣 / 206
七绝·道情诗意 / 206
五绝·抚琴 / 207
七绝·野鹤松云 / 207
七绝·竹院幽栖 / 207
七绝·黄粱梦觉 / 208
七绝·清音 / 208
七绝·梅院幽趣 / 208
七绝·作画 / 209
七绝·溪山风月 / 209
七绝·了幻 / 209
七绝·悟道 / 210
七绝·无量光 / 210

IX

七绝·秋山萧寺 / 210
七绝·寻仙 / 211
七绝·溪山云起 / 211
七绝·独坐空亭 / 211
七绝·庐中雅集 / 212
七绝·书斋墨戏 / 212
七绝·三清胜境 / 212
七绝·庐山幽居 / 213
七绝·崆峒道人 / 213
五绝·幽居 / 213
五绝·闲趣 / 214
五绝·秋山 / 214
七绝·道情 / 214
七绝·夏日幽居 / 215
七绝·山僧 / 215
七绝·归元 / 215
七绝·乐道 / 216
七绝·冬日山居 / 216
七绝·草堂闲居 / 216
五绝·参禅 / 217
五绝·默坐 / 217
七绝·终南冬日 / 217
七绝·普陀冬日 / 218
五绝·登山 / 218
七绝·珞珈山居 / 218
七绝·花溪水月 / 219
五绝·观雨 / 219
七绝·独坐嵩山 / 219
五绝·客至 / 220
五绝·秋山 / 220
五绝·采药 / 220
南乡一剪梅·苍山幽居 / 221

南乡一剪梅·终南幽居 / 221
五绝·悟玄 / 222
五绝·山月 / 222
七绝·独坐书斋 / 222
七绝·溪山胜境 / 223
七绝·山中暮雨 / 223
七绝·桃林花话 / 223
五绝·山僧 / 224
五绝·秋山 / 224
七绝·书斋清赏 / 224
七绝·华山幽居 / 225
谒金门·鹤舞 / 225
谒金门·离欲 / 226
五绝·画兰 / 226
七绝·春日问道 / 226
七绝·咏花 / 227
七绝·冬日山居 / 227
七绝·寒山僧踪 / 227
江月晃重山·清欢 / 228
江月晃重山·桃花院 / 228
七绝·三清山幽居 / 229
七绝·红炉点雪 / 229
七绝·独坐书斋 / 229
七绝·溪山秋色 / 230
七绝·西湖烟树 / 230
七绝·独坐书斋 / 230
七绝·山中幽居 / 231
菩萨蛮·山林趣 / 231
菩萨蛮·道情 / 232
七绝·静夜读经 / 232

七绝·山居梦

松下抚琴明月伴,远山深处紫云家。
林中鹤舞俗尘远,共与仙人扫落花。

七绝·山中春日

瑶草如烟云外客,松花煮酒慰平生。
芬芳花事离尘垢,迟日归乡见鹤迎。

五绝·暮春

恒得清凉境,常忘世俗心。
始知真隐者,不必在山林。

七绝·花思

闲拾落花思故里,寂居陋室远尘埃。
家山千里烟云外,香满桃源入梦来。

五绝·春山

云山听夜雨,平野漫鸿声。
月下煮佳茗,瑶台看落英。

五绝·归山

馨风飘竹院,瑶草映琼花。
天地任来去,山泉煮碧茶。

七绝·花居

庭院花深谷雨春,抚琴舞剑一闲身。
天香直欲熏人醉,仙骨何曾染俗尘。

七绝·山居

草径有尘花雨洗,山门无锁揽群芳。
琴歌一曲知音赏,不羡仙家日月长。

七绝·花忆

远山深处绝尘埃,闲坐庭前故友来。
谷雨乍过茶事好,繁花落尽忆蓬莱。

七绝·春思

疫事如棋难尽意,何时归去有谁知。
山长水远花如雪,明月清风心有期。

五绝·秋山

山中无甲子,花月满香林。
闲坐秋风里,遥闻梵呗音。

五绝·秋思

深山灯火远,秋水映孤鸿。
花落了无得,荣枯任雨风。

七绝·元日雪夜访友

松下逢青鹤，林中访故人。
僧庐听夜雪，元日是良辰。

四绝·壬寅年五一假日感怀

一

春日将尽，无去无来。
闲坐松下，静待花开。

二

云水三千，幽居尺宅。
春山夜雨，花下归来。

三

闲坐庭前，空对长松。
千山碍阻，何去何从？

四绝·庐中

庐中日月,枕边诗书。
袖藏乾坤,心住太虚。

五绝·庐中居

月色入江野,空山遇故知。
庐中欢喜事,翰墨与花枝。

七绝·庐中隐

庐中幽居风月长,案前枕侧尽诗书。
此生长得山林趣,锦绣无边住太虚。

五绝·庐中吟

庐内无风雨,花间尽得闲。
浮云皆散去,此地是南山。

五绝·花境

庭前车马少,云外客来稀。
花晓林泉意,时时演妙机。

七绝·清和节山中遇故人

山中无事泉边坐,天气清和故友来。
十里幽香人欲醉,满天花雨赴瑶台。

七绝·壬寅立夏感怀

花满京城民闭户,远山青黛送春归。
惟求家国两安好,海阔天高任我飞。

七绝·壬寅立夏

陌上花开甘雨落,蔷薇似海绕宫墙。
长安寂寂人声少,锦绣无边夜未央。

七绝·花梦

来从无始去无终,去与来时是一同。
三界归尘虚空尽,逍遥长住紫霄宫。

七绝·桃源居

花枝做伴琴为友,书画生香亦有情。
南北东西无挂碍,清风明月共归程。

七绝·春山仙境

仙人对弈松花落,云雾苍茫见紫霞。
福地洞天无甲子,千山万水尽为家。

七绝·花夕

松下幽人漫抚琴,三清古意入弦深。
空山满月归庭院,花雨缤纷醉妙音。

七绝·煮雪烹茶

寒夜围炉辞旧岁,道童拾雪煮新茶。
梅香幽远离尘念,云隐青山月映花。

七绝·山中道人

白发道人松下坐,梅香拂面竹芽新。
月光遍照三千界,世虑全消又一春。

七绝·竹庐听雪

月隐深山高士卧,竹庐听雪故人来。
烹茶煮酒琴箫起,庭院梅花次第开。

七绝·花归

十里长安车马少,花香满室遍诗书。
尘埃落尽寻真意,梦里归乡水竹居。

七绝·上元节

琴歌一曲良宵引,灯月齐辉性自明。
梦里寻仙游紫府,三千云水慰平生。

七绝·山中问道

芒鞋策杖山中行,云雾朦胧月作灯。
绝顶孤峰天上寺,幽林深处遇高僧。

七绝·道院春日

深山空谷觅幽玄,满院松花听雨眠。
草木荣枯无俗虑,千秋风月一炉烟。

五绝·禅院钟声

禅院钟声远,松花沐雨风。
红尘多少事,不到白云中。

七绝·寒山僧踪

问道终南寻古刹,林深无处觅僧踪。
寒山冷月孤鸿影,千里涛声万壑松。

五绝·花情

花木无尘累,乾坤眼底收。
四时皆自在,万古不知愁。

五绝·花话

花木是良友,烟霞识道心。
诗书为眷属,尘事不相侵。

七律·芒种雅集抒怀

长安十里传佳讯,日照宫墙瑞气升。
笑看风云挥妙笔,欣逢雅集会高朋。
青梅煮酒花间醉,香竹烹茶逸韵增。
一纸山河言旧梦,烟霞如锦坐鲲鹏。

七绝·高原行旅

冷月寒江天上路,雪山皆隐白云中。
高原胜境离人醉,卧枕星河万事空。

七绝·忆故人

梦中常绕关山月,夜雨江湖念故知。
千里风云皆过客,槿花满院问归期。

五绝·策杖寻幽

策杖寻幽境,秋山万壑松。
落花清水涧,尘事了无踪。

五绝·竹林观瀑

清风携竹露,观瀑悟玄机。
归去踏明月,琼英落羽衣。

七绝·武夷山小居

有花有竹远尘事,无送无迎了幻缘。
四面云山皆入画,茶香琴韵自陶然。

七绝·花幻

浮生久作长安旅,大化之中任去留。
四十余年成一梦,花开花落度春秋。

五绝·归来

拨云惊野鹤,倚树看流泉。
兰桂满庭院,逍遥不羡仙。

五绝·抚琴

清音飘竹院,明月耀星河。
流水青鸾舞,高山白鹤歌。

五绝·采药

道人行绝壁,一鹤紧相随。
幽谷绝尘迹,云溪采紫芝。

五绝·观雨

雨来幽竹翠,碧水漫瑶池。
荷舞微风醉,清香白玉姿。

七律·竹庐山房

风舞青莲映玉光,烟霞如锦绕山房。
星稀夜静花无影,雨落林深竹亦香。
翰墨丹青添雅趣,丝弦古韵送清凉。
一童一鹤庄生梦,世虑全消日月长。

西江月·山水间

寂寞深山瑶草,孤高空谷幽兰。
花溪泉畔与云间,白鹤仙童偶现。

竹影静观雨落,松阴轻抚丝弦。
前尘往事尽如烟,风月长留庭院。

西江月·兰香涧

岩下流泉月影,庭前沐雨幽兰。
悠悠岁月不知年,花雨缤纷满院。

坐看山中云起,遥思天上诸仙。
四时春色享安然,无虑无忧无倦。

西江月·大理山居幽赏

洱海青烟波浪,苍山松影霞光。
古城三塔世无双,独坐云来云往。

冬日暖阳舒畅,夏天泉石清凉。
四时风月满庭芳,闲看水流花放。

五绝·空山道人

道人携鹤去,遁迹白云间。
识破安心法,空山自得闲。

五律·普陀山居

幽居紫竹林,明月照禅心。
古寺春花落,苔阶草色深。
静闻钟鼓响,闲对海潮音。
千古红尘事,烟波浪里寻。

五律·归去来兮

归来住竹林,苔径送清荫。
经卷满书案,花香染衣襟。
丝弦为眷属,翰墨是知音。
不问尘间事,逍遥看古今。

五律·林泉高致

明月照陈榻，清风拂素琴。
常闻泉石啸，不喜俗尘音。
窗外桂花落，庭前竹木深。
山中无甲子，自在水云心。

七绝·普陀巡礼

潮音入耳仙山寂，世虑全消紫竹林。
五蕴皆空观自在，千江月影涤尘心。

七绝·问道崂山

烟霞紫府南华梦，山海松云忆众仙。
不问世间名利事，太清宫里悟前缘。

五律·秋山古寺

禅堂藏满月,古寺远尘埃。
野鹤穿云去,松风入院来。
闲观秋叶落,静看菊花开。
灯火红尘远,逍遥大快哉。

七律·深山策杖

深山策杖丹亭望,岩上苍松接暮烟。
灿灿黄花寻鹤影,青青翠竹入云天。
道童默默读经卷,瑶草依依抱石泉。
笑看红尘名利客,几人归去可登仙?

七绝·溪山访友

岩上飞泉生紫气,溪山春色水云清。
满天花雨踏歌去,与友吹箫坐月明。

七律·秋山幽赏

寒潭冷月孤鸿影,飞瀑苍岩见紫烟。
野菊烹茶参妙理,松花酿酒忘流年。
闲观童子抱琴去,静卧桐阴枕石眠。
俗世繁华皆过客,万般自在即为仙。

七绝·桂林幽居

孤客乘舟碧水湾,携琴心与晚霞闲。
沙鸥明月来相伴,如画云峰水上山。

玉楼春·山居

空谷时闻钟鼓响,落日满山追水浪。
苍岩飞瀑白云间,十里松阴明月朗。

放下万缘离幻网,怀抱清风眠石上。
梦随童子赴蓬莱,花满瑶池鸾鹤降。

玉楼春·归去

雾锁远山天地渺,阅尽浮云参大道。
长居幽谷不知年,野岭小村灯火杳。

对月抚琴愁事了,观雨听云泉石啸。
心无挂碍枕书眠,春野花开蜂蝶笑。

玉楼春·羁客行旅

云海仙踪羁客旅,日月星辰为伴侣。
孤舟烟雨远江湖,踏遍千山无碍阻。

古木苍藤无俗虑,尘世繁华终为土。
无边风月洗心尘,他日乘风归紫府。

七律·鸡足山小居

烟霞做伴琴为侣,古寺风清度晚钟。
草径有尘经雨洗,柴门无锁任云封。
卧听飞瀑苍岩落,闲拾春花月影重。
鸡足山中何所得,佛光金顶万株松。

五绝·秋山

松间留鹤影,秋色满空山。
落叶随风去,天青日月闲。

五绝·幽谷流泉

幽谷看流泉,长松过紫烟。
孤峰人迹绝,秋水共长天。

五绝·冬日山居

松下见初雪,幽岩赏早梅。
满山枯叶落,明月逐人来。

五绝·孤峰独坐

独坐孤峰顶,清凉竹影间。
抚琴看鹤去,常伴白云闲。

五绝·空山春色

空山春色好,花落满溪桥。
野竹拂青霭,心清俗念消。

五绝·栖隐

道士隐幽谷,溪清碧水寒。
不闻尘俗事,遁迹白云端。

七绝·空山秋色

松间坐看烟云起,月隐风清梦亦闲。
落叶尽随溪雨去,只留秋色满空山。

七绝·云上高卧

落日云山映月光,竹林风过散幽香。
道人高卧白云上,花落前川送晚凉。

七绝·春日幽居

抚琴独坐千山寂,落尽春花月满衣。
不做尘间名利客,浮云散去故园归。

喜迁莺·水云间

家山远,梦无涯,花落又花开。
幽人月下忆蓬莱,无念绝尘埃。

叹长安,名利客,碌碌终无所得。
何如归去享清闲,自在水云间?

喜迁莺·松风花月

花如雪,草如茵,独坐一江春。
千金难买一闲身,无事即良辰。

松风清,尘缘绝,笑看彩云追月。
诗书为侣乐天真,自在满乾坤。

喜迁莺·崆峒山问道

孤峰顶,望苍穹,薄雾锁崆峒。
溪山杳霭绝尘踪,松下一仙翁。
餐紫霞,听云起,草径常飘花蕾。
清泉啼鸟入松涛,独自奏清箫。

五律·空山幽林

独坐空山寂,花香月满衣。
林间泉水响,竹下客尘稀。
枕石听猿啸,临渊看鸟飞。
孤峰栖绝顶,云起悟禅机。

五律·春山新雨

天梯一线通，雨过雾朦胧。
日落西风劲，云升满月红。
钟声鸣古寺，鹤影漫苍穹。
苔径添新绿，春光入梦中。

五律·秋山幽居

世事无需虑，人闲即是仙。
桂花飘几案，明月照床前。
倚树望归雁，观云入碧泉。
琴音清俗念，自在抱书眠。

五律·林溪高隐

野竹连天碧,幽人谷底行。
溪间浮鹤影,石上响涛声。
风起山花落,云飞日月明。
红尘名利客,几个得长生?

七绝·小暑抒怀

雨润荷香销暑气,烹茶摇扇品蝉音。
吟诗酌句卧花影,人觅清凉鸟觅荫。

七绝·松下抚琴

策杖林间晨雾起,抚琴松下待云归。
孤峰自是尘难至,不问人间是与非。

七绝·临渊听松

道人独坐扁舟上,闲看松花落碧渊。
惟愿尘根都涤尽,此生彻了世间缘。

五绝·溪山烟树

石上烟云漫,花间看蝶飞。
清溪深不测,山月伴人归。

七绝·桃花溪

几片闲云封古寺,桃花如雨落清溪。
夕阳斜照千山寂,风过幽林听鸟啼。

七绝·幽人观瀑

水落碧潭松石隐,烟升雾起色斑斓。
幽人倦卧高岩上,观瀑听风总是闲。

七绝·夏日幽怀

风舞莲花碧水凉,孤舟独坐下荷塘。
沙鸥飞去青山暮,弄笛吹箫夜未央。

七绝·苍山春去

苍山春去繁花落,林下风来竹叶新。
自汲清泉忘俗事,溪边独坐乐天真。

七绝·渔歌唱晚

渔歌唱晚足优游,老树空亭度暮秋。
倦鸟归巢星野寂,一江寒月照孤舟。

七绝·溪上茅屋

竹林茅屋花溪上,犬吠鸡鸣入梦乡。
不问世间名利事,荷风烟雨送清凉。

七律·闲居空谷

茅庐幽僻是非绝,荷满池塘映碧波。
雨打芭蕉惊幻梦,蝉鸣古树奏清歌。
闲居空谷客尘少,独坐松云妙趣多。
不问人间荣辱事,无忧高卧枕星河。

更漏子·山居

水悠悠，云渺渺。常拾灵芝瑶草。
看日落，赏琼花。听松餐紫霞。

山泉澈，清凉月。万法本无生灭。
黄粱梦，尽归空。溪桥遍落红。

更漏子·幽隐

车马稀，山色好。常忆蓬莱仙岛。
拾芝草，煮清茶。泉边赏落霞。

幽隐者，清凉夜，闲看水流花谢。
俗缘断，望群星。松间坐月明。

更漏子·离尘

卧松云，吟风月。惟念洞天清绝。
乐恬淡，幻缘空。百年一梦中。

离尘欲，享清福。常种梅兰竹菊。
如野鹤，破藩篱。天高自在飞。

七律·苍山幽居

独木桥边古树深，初春微雨染衣襟。
云追月影离尘念，花落清溪悟道心。
流水潺潺空谷寂，炊烟袅袅故人临。
幽居大理苍山上，世外桃源不必寻。

五绝·幽林访友

未到幽居地,琴音彻竹林。
遥看孤坐影,如见故人心。

五绝·烟水孤篷

月上江桥白,残阳沐柳风。
空亭飞鸟过,烟水一孤篷。

七绝·幽林烟树

幽林烟树连天碧,十里花溪遍杜鹃。
绝顶孤峰藏古寺,逍遥独坐万山巅。

七绝·古寺烟云

古寺烟云轻拂竹,空山月影映黄梅。
僧人独坐诵经咒,残雪溪桥覆藓苔。

七绝·秋寺寻幽

秋至菊黄苍竹老,一江寒月照边城。
长松古寺孤僧影,独步林间伴鸟声。

五律·空谷幽居

门前岩壁陡,山后树阴浓。
独坐兰香涧,遥闻古寺钟。
清风摇碧柳,明月照长松。
空谷繁花落,闲观雁影踪。

七绝·桃花院

乱红如雨斜阳暮,众鸟齐鸣伴笛笙。
春水煎茶山色好,桃花院里度余生。

鹊桥仙·归去

水天一色,千山暮雪,冷月寒光皎洁。
诵经打坐守心神,参妙理,苦修真诀。

柴门常掩,清闲长享,不羡王侯英杰。
尘缘灭尽列仙班,乘云去,蓬莱宫阙。

鹊桥仙·悟玄

青山隐隐,白云渺渺,恒以烟霞为侣。
江天一色望孤鸿,悟玄妙,情牵紫府。

机心顿忘,星稀月冷,风起落花如雨。
林泉无扰绝尘踪,功德满,瑶台归去。

鹊桥仙·道情

天高水阔,小轩梅竹,一枕无忧高卧。
清风皓月诵南华,静夜里,孤灯独坐。

诗书常伴,闲云野鹤,不喜人间烟火。
一琴一剑走天涯,回首处,山花万朵。

七绝·孤舟柳岸

一片沙鸥下渚田,江边农舍隐炊烟。
孤舟柳岸千山寂,落日芦花碧水连。

七绝·空亭独坐

空亭独坐雨潇潇,远望秋山破寂寥。
忽见孤鸿临水过,落花如雪满溪桥。

七绝·送君归

苍山花落客尘稀,洱海孤舟对落晖。
把酒临风琴瑟伴,平沙落雁送君归。

五绝·松间隐者

孤高独不群,俗事未曾闻。
隐者居何处,松间几朵云。

七绝·绝壁幽寺

岩上苍松飞瀑落,寒潭孤雁入云中。
丹崖绝壁藏幽寺,百丈天梯一线通。

五律·山中秋色

山中秋色好,幽谷尽斑斓。
叶落苍岩顶,花开碧水湾。
野猿泉石上,孤雁白云间。
醉卧烟霞里,天青日月闲。

七绝·荷田秋色

红桃满树罩岚烟,苇草芦花映绿川。
舟影波光天一色,落霞孤雁过荷田。

七绝·秋日幽居

夕阳斜照入柴扉,采菊东篱卧翠微。
遥望秋江烟水阔,孤鸿归去落霞飞。

七绝·绝壁孤松

绝壁孤松云上立,寂然高隐世无争。
不惧风雨及霜雪,常伴晨曦与月明。

七绝·仲秋吟

万里幽林桂子香,藤瓜坠蔓菊花黄。
人间最是仲秋好,月满山川谷满仓。

七律·白露抒怀

月隐青山白露秋,菊花满院影轻柔。
星河璀璨远尘事,枯叶飘零落晚舟。
听雨煮茶风习习,焚香作画梦悠悠。
浮云富贵皆空幻,大化之中任去留。

七律·冬日山居

世情从此免相关，妄念皆消享静闲。
煮雪煎茶迎客至，松花酿酒待春还。
门前雾锁疑无路，窗外风来忽有山。
默坐诵经思虑绝，尘埃不到水云间。

七绝·游凤凰山

凤凰山上赏花落，云海寻仙斗母宫。
石径险悬峰顶侧，松涛独坐万缘空。

七绝·秋日抒怀

丹桂飘香逐惠风，潮生月落小桥东。
闻歌起舞弄花影，霜染枫林满目红。

七绝·雁落平沙

雁落平沙灯火远,芦花似雪月如霜。
孤帆阅尽千江水,秋色无边放眼量。

七律·乡野秋居

世事无忧自在眠,茯苓芝草煮山泉。
风吹疏竹寻新句,雨打残荷拾故笺。
窗外鸟鸣惊幻梦,庭前花落抚丝弦。
光阴似水优游过,乡野秋居不羡仙。

苏幕遮·悟禅

水清清，山杳杳。江阔天高，庭院无人扰。
花木深深秋色好。兰桂飘香，月朗群星耀。

访名师，求诀窍。常念如来，独坐思玄妙。
心地尘埃须尽扫。彻悟禅机，莫向人间道。

苏幕遮·归隐

隐南山，携紫气。常抱琴书，望远天新霁。
醉卧烟霞无一事。自在逍遥，不羡公卿位。

俗缘抛，名利弃。远绝尘踪，日月如流水。
了悟天机无可说。静坐庭前，笑看风云起。

苏幕遮·归一

水悠悠,风习习。孤雁穿云,暮霭连天碧。
苇草芦花皆入画。独坐渔舟,月上江桥白。

幻缘空,无可得。参悟玄机,卧枕星河寂。
大道三千无处觅。清静无为,万法皆归一。

七绝·桃园居

溪边花落柳丝摇,孤雁凌空过碧霄。
十里桃园山色好,幽人独坐奏清箫。

七绝·月照花溪

柳丝逐水夜莺啼,雨后青莲漫旧堤。
独坐渔舟山色隐,月光伴我入花溪。

七绝·独坐秋山

霜染枫林归雁醉,桂香遍野胜春光。
落花满地无人扫,独坐秋山日月长。

七绝·幽人独钓

烟波千里尽潮音,江畔芦花暮色侵。
黄柳扶风归雁落,幽人独坐钓浮沉。

五律·明德求真

万卷经书伴,安然度晓昏。
时时持戒律,处处忆天尊。
明德求真道,观空悟本源。
一心无挂碍,自在满乾坤。

五绝·晚春

山中无一事,风月共良辰。
泉酿松花酒,千红醉晚春。

五绝·洞天幽居

空谷客来少,幽居小洞天。
云山寻野趣,烟雨不知年。

金错刀·林泉

近林泉,远功名。高崖飞瀑伴空亭。
萤光点点星河杳,花落溪桥俯耳听。

尝药草,采琼英。诗书琴剑一身轻。
苦修真道尘缘了,羽化登仙上太清。

金错刀·逍遥

尘埃绝,幻缘抛。无边风月任逍遥。
清波倒影斜阳暮,花雨缤纷落碧涛。

云淡淡,水迢迢。孤鸿远影过溪桥。
前生本是蓬莱客,独坐空山破寂寥。

金错刀·崂山幽居

山海远,月如钩。烟生潮涨洞天幽。
松涛入耳群峰翠,渔影波光荡晚舟。

离幻梦,远愁忧。清闲从不羡王侯。
柴门深锁无人至,花落无心水自流。

五绝·寻幽

幽人寻古寺，策杖白云间。
翠竹入青霭，空山尽得闲。

五律·道院幽居

幽人居道院，天阔水云清。
竹下诵经卷，花前奏笛笙。
修心离垢染，培德忘功名。
他日归仙府，瑶台紫气生。

五绝·空山秋月

空山无一物，秋月伴人归。
枯叶随波去，溪清顿忘机。

五律·南山古寺

晚钟鸣古寺，秋色满南山。
花影入溪水，清波洗素颜。
诵经参妙理，持咒破冥顽。
静坐寻真意，天青日月闲。

七律·山居秋颂

日落秋江四野凉，独行陌上踏霞光。
核桃坠地随君取，柿子垂枝任尔尝。
遥望孤鸿思旧梦，常持墨笔撰新章。
清茶一盏诗书伴，金桂临风满院香。

七律·峨眉秋居

蓬莱仙境眼前寻,雾锁峨眉竹木深。
梵唱钟声惊幻梦,空云水月叹浮沉。
闲观孤雁落花影,卧枕星河见素心。
莫道空门无故友,天涯何处不知音。

七律·终南幽居

终南胜境解千愁,古寺楼台度晚秋。
心住太虚离幻网,袖藏经卷尽优游。
静观空谷山花落,轻掩柴门草径幽。
笑看风云皆旧梦,随缘自在任沉浮。

七绝·兰香院

万里云山披锦绣,兰香满院浸春光。
鸟鸣泉涧人声寂,花雨缤纷落野塘。

七绝·幽谷观瀑

秋日暖阳幽谷秀,天峰飞瀑溅珍珠。
雾升云起彩虹现,花落清潭草未枯。

七绝·秋夕

寒鸭优游戏水凉,芦花溪畔挂清霜。
板桥落日追光影,丹桂临风送妙香。

七绝·秋江暮色

云海松涛入翠微,板桥杨柳映金辉。
飞鸿渐远千山暮,日落秋江伴我归。

七绝·日照千山

夕阳斜照千山秀,花影金晖落碧泉。
一路踏歌惊雀鸟,柴门犬吠起炊烟。

七绝·草堂秋居

青山叠翠笛声柔,一榻松云梦亦幽。
野菊烹茶迎远客,草堂高卧度清秋。

七绝·独居幽谷

竹院鸟喧朝起早,卧听松海夜眠迟。
独居幽谷无人扰,明月如银照碧枝。

七绝·春山晓翠

春山晓翠阅新晴,十里莺歌伴我行。
杨柳轻摇蜂蝶舞,落花如雪水云清。

七绝·秋山幽隐

疏风霁月人声寂,霜染丹枫竹舍寒。
茶暖生香迎远客,秋山幽隐尽清欢。

七绝·孤舟野渡

孤舟野渡彩云飘,鸥鹭凌空逐浪潮。
两岸枫林霜露冷,秋江万里任逍遥。

七绝·野渡秋江

星寒露重坐孤舟,野渡秋江夜更幽。
一曲渔歌随浪起,优游不必羡王侯。

七律·武当秋居

武当秋色幽人醉,宫观祥云在眼前。
明月径悬金顶上,桂花飘落万山巅。
诵经打坐参真谛,访友寻师悟太玄。
大道本来无别事,心闲意淡即神仙。

七律·三清山幽居

怪石出山迎远客,苍松奇绝卧珍禽。
风摇树影落花雨,日照流泉演梵音。
水月空云言妙法,长箫紫竹道禅心。
三清胜境涤尘虑,世外仙踪眼底寻。

五绝·灵山秀色

信步寻幽趣,花溪落暮云。
灵山多秀色,天水共氤氲。

五绝·秋江雨后

白鹭窗前过,烟云雨后生。
山青江水涨,秋月伴舟行。

五绝·空谷吟

空谷客来少,云山是四邻。
一心无挂碍,悟道了前因。

五绝·云水吟

幽谷无寒暑,云深水亦清。
春花秋月里,离念自心明。

五绝·落花吟

落花随水去,常叹梦中身。
且喜无荣辱,心头不染尘。

醉花阴·忘机

醉倒终南山色里。不羡公侯位。
闲卧竹林中,顿忘机心,往事如流水。

静心涤虑无悲喜。默坐寻真意。
繁华尽如烟,顺逆随缘,淡看风云起。

行香子·仲秋吟

独坐空山,古井无波。四十余年尽蹉跎。
仲秋时节,遥望嫦娥。叹花如梦,月如幻,日如梭。

悠然自得,闲云野鹤。赏院中古木藤萝。
无思无虑,卧枕星河,愿心常平,体常健,气常和。

沁园春·梦蝶

空谷幽居,布衣芒鞋,几度春秋。
醉卧烟霞里,诵经打坐,清心寡欲,夫复何求。
蜂为花忙,蛾因灯逝,皆属迷前忘后忧。
红尘事,但庄周梦蝶,蝶梦庄周。

多思必定多愁。名利事、此生一笔勾。
万法皆空相,无牵无挂,无忧无惧,自在优游。
世事如棋,轮回路险,不染尘埃无怨尤。
只惟愿,悟真常妙道,平步瀛洲。

洞仙歌·道情

春山幽谷,看落红如雨。杨柳依依蝶蜂舞。
伴琴书,静对香桂幽兰。柴门掩,莫问是非毁誉。

卧桃花院里,不染尘埃,烟雨红尘任来去。
百年如梦蝶,妄念皆空,世缘尽,回归仙府。
清闲贵,孤峰倚长松,悟大道,三千水云无阻。

五律·悟道

深秋夜静寒,悟道得心安。
明月庭前照,乾坤座上观。
往来无苦恼,朝暮尽清欢。
他日归仙府,瑶台驾紫鸾。

五律·秋山栖隐

空谷人声绝,秋山日月长。
听经闻妙法,观雨得清凉。
叶落闲愁扫,花开密意藏。
如来心上坐,孤独也无妨。

五律·山居雅趣

白菊挂秋霜,银壶饮玉浆。
浮云知幻梦,归雁诉衷肠。
月落钟声杳,风来稻谷香。
山居皆雅趣,不必觅仙乡。

五律·洞庭秋居

烟霞铺锦绣,兰桂送温馨。
幽谷闻钟磬,深山采茯苓。
浮云皆散去,往事尽归零。
雁阵惊尘梦,丹枫满洞庭。

七绝·古寺晚秋

碧瓦红墙沐暖阳,千年古寺漫金光。
深山秘境无人扰,银杏临风已泛黄。

无愁可解·修真

似水流年，犹如梦蝶。昼夜辛苦无歇。
　　读仙经万卷，智慧增，自然通达。
不染尘埃悟妙理，养正气，水清天阔。
慰平生，水墨丹青，野茶药草，好花佳月。

听说，古往今来名利客，今只有，兔踪狐穴。
　　不如访道友，拜名师，求得真诀。
古剑瑶琴为伴侣，只挂牵，洞天清绝。
幻缘空，果满功成，去留自在，甚为欣悦。

风入松·栖隐崆峒

常携经卷上云峰。斜倚长松。
烟霞如锦花如雪。慰平生、明月清风。
一鹤一童相伴,此生长住崆峒。

闲观溪水落飞鸿。雾气朦胧。
万缘放下寻真意。金丹成、五蕴皆空。
他日乘云归去,真身永住天宫。

七绝·峨眉春色

古寺清风度晚钟,远山青黛入苍松。
云烟缭绕花如雪,雾锁峨眉四五峰。

满庭芳·虚无

无我无人,离空离色,修行需下功夫。
　　静心涤虑,无念悟清虚。
闲坐庭前松下,赏花落,了悟真如。
红尘事,随缘自在,枕上尽诗书。

为仙为佛事,不增不减,非实非虚。
　　但寻得,心中一朵明珠。
尘垢浑然不染,常携带,琴剑葫芦。
金丹结,长生久视,真道即虚无。

水调歌头·春山烟雨

阶前观烟雨，山色愈清奇。
桃源幽谷，小桥流水柳丝垂。
正是晚春天气，风暖池塘鱼戏，随处鹧鸪啼。
古树添新绿，庭院遍芳菲。

步绝壁，拾瑶草，采紫芝。
天青雨霁，湖水如镜映云泥。
灯火红尘远去，万里云山烟锁，无念顿忘机。
蝶梦松窗下，高卧碧云溪。

七律·九华山幽居

踏遍浮云落尽花，田园栖隐事桑麻。
积功累德时时乐，见性明心处处家。
甘露嫩芽思故里，暖阳春日焙新茶。
鸟喧影动钟声杳，五色霞光照九华。

永遇乐·离尘

且问诸君,本来面目,是何形状。
语尽词穷,无从描述,究竟光明相。
非真非幻,无来无去,奥妙幽玄无量。
真修道,无为自在,只求速离尘网。

身心安泰,机心皆忘,古寺名山参访。
独坐幽篁,息心静虑,星月皆清朗。
浮云消散,情空业尽,自性永无遮障。
与三界,一切诸佛,毫无两样。

永遇乐·逍遥

野鹤闲云,超然物外,无拘无束。
常诵真经,不闻世事,清静离尘俗。
一琴一剑,烟霞为侣,莫问是非荣辱。
任逍遥,深山空谷,琼花似雪如玉。

勤修道法,踏罡步斗,礼拜九天星宿。
落尽尘埃,息心返照,静对梅兰竹。
松涛隐隐,星河渺渺,俱是洞天清福。
乘云去,永居仙府,凡尘不复。

七律·空山秋日

烟霞做伴琴为侣,长住空山远故知。
金桂吐香寻野径,幽兰入梦舞清姿。
勤修功德离尘网,平步瑶台会祖师。
可叹世间名利客,何如采菊隐东篱。

一丛花·归元

千金难买一身闲。无事小神仙。
瑶琴宝剑诗书伴。乐恬淡、自在安然。
古今得失,是非荣辱,尘事尽如烟。

长居空谷不知年。明月照流泉。
终南山色离人醉,悟清虚、返本归元。
乾坤万法,本无一物,玄妙不需言。

一丛花·守一

林间香露染青衣。星月伴人归。
良田几亩山花艳。喜种植、山药黄芪。
无牵无挂,无来无去,溪畔落霞飞。

尘埃落尽悟玄机。法乐有谁知。
抱元守一求真道,只惟愿、寿与天齐。
业尽情空,乘云归去,琼岛遍芳菲。

五绝·踏春

踏春寻胜境,微雨染衣襟。
花落随风去,空山见素心。

五绝·雨后

空山微雨后,幽谷遍云烟。
忘却红尘事,无心即泰然。

七绝·抚琴

不羡凡间富贵人,金徽玉轸自相亲。
闲来弦上听流水,欲洗青衫未有尘。

一剪梅·乐道

月照空山梦亦清。常忆南华,心境澄明。
烟霞高卧弄琴筝。乐道安贫,不慕功名。

溪畔桥边拾落英。泉水烹茶,无送无迎。
黄花翠竹慰平生,笑看风云,闲坐前庭。

五绝·独行

空谷一人行,唯闻落叶声。
云山知我意,从不羡公卿。

五律·幽境

云山添秀色,陌上降甘霖。
溪畔闻鸥鹭,松花落素琴。
一身无赘物,万法有清音。
随处皆幽境,仙源不必寻。

五绝·听琴

琴音飘入耳,闲看一江春。
富贵多忧患,何如自在身。

一剪梅·逍遥

横渡秋江逐浪潮。衣襟潇洒,两袖飘飘。
欲将心事付渔樵,且过今宵,莫问明朝。

万里云山破寂寥。读诵仙经,尘念皆消。
孤舟独坐奏琴箫,雁落平沙,任意逍遥。

五律·禅境

庭前风扫地,草木自枯荣。
顽石知禅意,云山拾落樱。
抚琴参道妙,作画度闲情。
绝顶人难至,空门免送迎。

七律·道情

微风拂袖伴星光,轻抚丝弦静夜凉。
闲坐庭前青竹密,时闻屋后白莲香。
丹书千卷离尘网,太上三清护吉祥。
月满空山无限意,洞天福地胜仙乡。

七律·修真

策杖芒鞋任我游,空山不念古今愁。
三千云水花如锦,万里松涛月似钩。
道气长存离幻网,尘埃落尽步瀛洲。
瑶琴宝剑天蓬尺,常伴高真远妄忧。

七绝·赠韩一甯老师

弦上深藏太古春,心虚气淡养精神。
高山流水寻真意,不染人间半点尘。

七绝·赠琴仙

黄山灵秀志凌云,水木清华远俗氛。
素手妙心琴瑟奏,仙音不与世间闻。

七绝·琴道

世外仙音入耳闻,七弦雅韵洗尘氛。
幽人独坐孤峰顶,遥望青山尽白云。

七绝·琴情

闲来无事抚丝弦,水月花云现眼前。
只见山中常落雪,不知世上是何年。

凤凰阁·水云间

心清神静,笑看风云变幻。飞花如雪落溪涧。
春水常临鸥鹭,日和风暖。卧松下、烟霞做伴。

无求无欲,每日清茶淡饭。山中蔬果皆佳馔。
遥望富春江畔,风月无限。碧波荡、渔舟唱晚。

凤凰阁·携琴访友

澄怀观道,月朗星稀蝶舞。柳丝飞絮花如雨。静夜携琴访友,丝弦轻抚。指尖落、苍凉太古。

清虚恬淡,素手吟猱绰注。妙音如泣又如诉。应叹富贵如影,终化尘土。怎比得、仙家雅趣。

五绝·庭院幽情

明月照庭院,心清读古书。
黄花言妙理,翠竹契真如。

五绝·春水月光

春水明如镜,庭前遍月光。
一心参妙理,万法作慈航。

五绝·瑶琴清音

花落随风去,幽香慰素心。
瑶琴知雅意,弦上有清音。

五绝·空谷禅心

空谷客来少,清闲抵万金。
遥观江上月,静夜照禅心。

七绝·月印千江

山中秋色世无双,闲读经书坐小窗。
悟得真如尘不染,遥观明月印千江。

七绝·春日独行

春日独行修竹里,时闻犬吠白云间。
梨花似雪江村暮,月上西山尽得闲。

七绝·故人来访

故人来访青山暮,泉上飞花月色新。
炉火初红茶正好,庐中春日尽良辰。

七绝·高卧林泉

高卧林泉无所有,好花佳月度春秋。
世间万事随风去,云水三千任我游。

七绝·花落清溪

花落清溪逐水流,浮云富贵不长留。
山中岁月优游过,琴剑相随任自由。

五绝·无尘

春水净无尘,松花落羽巾。
清心闻大道,离欲葆天真。

五绝·山中访友

山中春树暗,竹舍夕阳微。
道友居何处?林深放鹤归。

山花子·无忧

万壑松风任我游,洞天福地尽清幽。
一曲瑶琴弹罢处,月如钩。

法界天机皆显露,无牵无挂亦无忧。
满目青山为故友,度春秋。

山花子·清欢

翠竹黄花体自然,一琴一剑卧林泉。
请问神仙在何处,水云间。

悟得浮生皆幻梦,安然自在度流年。
烟雨江南春正好,尽清欢。

七绝·山房

庭前古树荫山房,烟柳依稀似故乡。
四月芳菲无定处,孤云一片落池塘。

五绝·水月

绝顶无人至,清虚色相真。
庭前观水月,悟得梦中身。

七绝·山居

山居莫问人间事,万法皆空了幻缘。
不羡红尘名利客,观云听雨自怡然。

五绝·空山

月落钟声远,窗虚竹舍凉。
空山人迹绝,别有水云乡。

七绝·空山妙趣

春夏秋冬尽好时,空山妙趣有谁知。
松云花月与飞瀑,皆是幽人得意诗。

霜天晓角·兰香院

黄粱梦断。万法皆是幻。
见月何须用指,逍遥客、无羁绊。

云散。天渐暖。听渔舟唱晚。
静悟虚无寂灭,兰香院、尘事远。

霜天晓角·花间住

高山流水。皆是吾知己。
万里终南归去,花间住,赏兰蕙。

沉醉。得法喜。紫云送祥瑞。
占断人间慵懒,此中意,不可说。

五绝·清静

山中来客少,清静不知年。
俗世多纷扰,幽居别有天。

七绝·潇湘云水

山中独坐远尘喧,有客携琴过竹轩。
江上渔舟时隐没,潇湘云水胜桃源。

七绝·竹林深处

竹林深处是吾家,枫叶如丹赏落霞。
一曲七弦增雅意,空山秋色胜春华。

五绝·心清

花落水流去,心清日月闲。
浮云无挂碍,放眼看青山。

七绝·空谷抚琴

万里云山为故友,临风独坐净尘心。
轻弹一曲七弦韵,空谷常闻太古音。

五绝·空寂

云里步苔径,松声伴我还。
时闻钟鼓响,空寂远尘寰。

七绝·观瀑听风

花落春山古树青,晚钟清寂自心宁。
世间最是怡情处,观瀑听风坐竹亭。

五绝·春和景明

山静睡初起,春和景更明。
风来花自落,空谷遍泉声。

七绝·云山雅意

飞花逐水落鸣泉,村舍溪桥起暮烟。
满目云山知我意,何须弹奏伯牙弦。

七绝·携琴访友

携琴访友入深山,踏遍浮云尽得闲。
泉上飞花春色好,任他流水去人间。

七绝·秋夜抚琴

山峦叠嶂碧溪深,空谷常怀隐者心。
子夜清歌无限意,秋风拂袖弄弦琴。

七绝·独坐松林

独坐松林尘不染,涛声一曲寄禅心。
此中已得清琴趣,胜奏丝弦太古音。

两同心·机心忘

满院幽香,落花风扫。
机心忘、闲看经书,俗缘绝、星稀月皎。
乐清闲,独坐蒲团,形神俱妙。

万事不由计较。玄关一窍。
得真趣、无作无为,三尸退、观天行道。
一炉烟,野鹤孤云,尘埃不到。

两同心·逍遥客

石上飞花,去留无意。
忘世情、随处安然,大梦醒、浮生如戏。
远尘劳,返本归元,无量欢喜。

可叹世间名利。转瞬即逝。
逍遥客、自在优游,无拘束、清闲最贵。
卧松林,笑看风云,世间能几。

七绝·幽隐苍山

千竿修竹绕吾庐,幽隐苍山乐有余。
云白风清花满树,鸟鸣溪涧读经书。

七绝·松风皓月

松风皓月过幽篁,空谷鸣泉涧路长。
近日抚琴茅阁冷,高山流水忆潇湘。

七绝·秋山萧寺

霜冷叶黄人迹绝,孤峰松下坐空亭。
秋山萧寺僧何处,万壑涛声独自听。

七绝·林下优游

花香四溢染衣襟,独坐如临绿绮琴。
林下优游尘事远,从来山水是知音。

七绝·溪山烟树

溪山烟树散毫端,雁过空林碧水寒。
独坐泉边松影里,垂髫童子把琴弹。

七绝·天晴雨霁

天晴雨霁竹风凉,闲读诗书翰墨香。
独坐庐中无一事,庭前花木尽朝阳。

七绝·苍崖古寺

苍崖古寺斜阳外,苔径无人锁暮烟。
石上清溪枯叶落,空山独步觅幽玄。

七绝·武当夏日

幽篁泉石堪消暑,岚翠祥云绕武当。
卧展南华经卷读,花溪晨露湿衣裳。

虞美人·桃源胜境

桃源胜境春秋度。风月皆为侣。
孤然一性觅天真。千古是非成败、尽归尘。

柴门禁闭无寒暑。天暖春山暮。
唤来童子对仙棋。万里云山花雨、落青衣。

虞美人·武当问道

武当山上春花好。问道知玄妙。
不增不减显圆成。云水芒鞋步履、数繁星。

尘踪远绝无纷扰。自性常观照。
古今明月照丹江。万壑松涛清唱、满庭芳。

七绝·庐中日月

一纸山河万壑松,庐中日月远尘踪。
琴书做伴无多事,云水丹霞画里逢。

七绝·庐中闲居

书画消闲白日长,庐中犹忆旧时忙。
万缘放下寻新句,惟愿平安与健康。

五绝·雪夜读经

雪夜读真经,寒光映满庭。
朗然消万虑,明月照丹青。

七绝·独坐庐中

独坐庐中夜月新,澄明似水淡无尘。
此心长住山林梦,一曲琴歌忆故人。

七绝·雨洗空山

雨洗空山万木新,诗书琴画养心神。
茅堂深隐白云外,满榻松风又一春。

七绝·雨后松风

雨后松风送晚凉,溪山烟树尽荷香。
空亭独坐远尘事,轻抚丝弦奏酒狂。

五绝·秋山

林下尽枯叶,山花不可寻。
无人来此地,寒意自萧森。

七绝·庐中默坐

古树无花叶不存,丹青琴韵有乾坤。
庐中默坐度终日,物我皆空远俗喧。

七绝·空谷荒亭

空谷荒亭独探幽,林深应少客来游。
漫山红叶随波去,闲坐西风醉晚秋。

七绝·雪满空山

雪满空山未放晴,苍崖石径与云平。
林中落叶随风去,独坐荒亭听鸟声。

七绝·归元

虔诵真经坐小轩,色空不二尽归元。
幽人近日送迎少,无论阴晴只闭门。

朝中措·清虚

抚琴一曲月明中。往事尽随风。
一鹤一童相伴,逍遥无问西东。

清虚恬淡,精神内守,自在从容。
他日乘云归去,瑶台多一仙翁。

朝中措·优游

柴门深闭自优游。空谷不知愁。
一枕烟霞高卧,洞天福地清幽。

流泉飞瀑,鸟鸣猿啸,涤尽烦忧。
不羡王权富贵,惟求风月长留。

五绝·落雪听禅

山中幽隐即为仙,素手红炉煮碧泉。
落雪听禅无限意,闭门独坐忆从前。

五绝·灵隐钟声

钟声云外落,古道尽苍茫。
灵隐斜阳暮,梅花一路香。

五绝·松窗读易

庐中尘事远,瑞雪满溪山。
读易松窗下,幽人自得闲。

七绝·寒山雪霁

天地苍茫远利名,寒山雪霁少人行。
柴门不掩云来去,日暮林深遍鸟声。

七绝·息心

一曲清琴入耳闻,息心默坐远人群。
庐中亦有桃源趣,遥望西山尽白云。

七绝·幽居

虽有柴门总闭关,白云花木共身闲。
幽居不问世间事,独坐庭前望远山。

七绝·山中岁月

蔬果纷陈鲜味好,四时花木各争妍。
山中岁月无寒暑,体健心安不计年。

七绝·围炉煮雪

放下万缘心湛寂,围炉煮雪室长春。
虽非居住桃源境,如是逍遥有几人。

七绝·寻春

烟雨飞花落水滨,黄鹂声里自寻春。
绿茵满院门常掩,羡尔溪山隐逸人。

望仙门·林泉高卧

远离尘事住云端。抱书眠。
林泉高卧似神仙。享清欢。

独坐思玄妙,惟求返本归元。
茯苓常种赏幽兰。赏幽兰。空谷不知年。

望仙门·觅幽玄

竹林深处抚丝弦。饮清泉。
山中茅舍两三间。白云边。

来去无牵挂,前尘往事如烟。
独居空谷觅幽玄。觅幽玄。闲看万重山。

七绝·归隐南山

归隐南山日月长,满园春色竞幽香。
采来一束灵芝草,喂与仙禽作道粮。

七绝·雨过茶园

雨过茶园绿叶新,清泉慢煮碧螺春。
落霞斜照烟云起,独坐花溪待故人。

五绝·禅院晚钟

绝壁赏飞瀑,烟云绕古槐。
携琴寻故友,禅院晚钟来。

五绝·空谷仙翁

空谷白云中,流泉落草丛。
深山多福地,梅鹤伴仙翁。

七绝·桃花落

鸡犬桑麻春色好,一川烟雨绕孤村。
门前坐看桃花落,山里人家笑语喧。

七绝·空山萧寺

庭外落花随水去,柴门无锁白云封。
空山萧寺钟声杳,俗世尘埃绝影踪。

五绝·幽谷秋色

幽谷色缤纷,溪桥暮鼓闻。
僧家何所住,松外万重云。

五绝·雁过寒潭

空谷遍晨曦,秋山尽好时。
寒潭孤雁过,碧水泛涟漪。

七绝·林泉高卧

林泉高卧读诗书,淡看闲云自卷舒。
人在山中无别事,水流花放悟真如。

七绝·古寺寻幽

山深林密碧云低,古寺寻幽众鸟啼。
两耳不闻尘俗事,风吹落叶满花溪。

七绝·庭院幽居

几间茅屋自悠哉,庭院无墙翠竹栽。
终日闭门非谢客,怕他屐齿踏苍苔。

七绝·青山隐居

隐居常在水云间,与世无争独好闲。
远走江湖携鹤去,竹篱茅屋傍青山。

七绝·幽壑听泉

丹崖岚雾锁琼楼,古木苍岩水漫流。
幽壑听泉尘念绝,白云深处忆瀛洲。

卜算子·围炉煮茶

煮茶围火炉。遥看苍岩雪。
踏遍梅花香满衣,无量心欢悦。

无去亦无来,万法无生灭。
欲问修行真诀窍,手指天边月。

卜算子·逍遥

岚翠湿羽衣。来去无踪迹。
观瀑听风读南华，蒲草皆为席。

离幻见太虚，无妄心清寂。
书画琴棋诗酒花，伴我逍遥客。

七绝·空山古寺

焚香默坐消尘虑，远望空山抱雪松。
古寺天寒来客少，但闻暮鼓与晨钟。

七绝·围炉煮茶

天寒岁暮卧听雪，唯有梅花是故人。
炉火初红茶色好，万千俗虑化为尘。

七绝·林泉卧游

常持妙笔供清赏,心系林泉作卧游。
紧闭宅门车马少,身闲不必羡瀛洲。

七绝·春日幽赏

蜂飞蝶舞春晖沐,醉卧花间赏翠微。
莫问明朝何处去,一亭松月不思归。

七绝 · 太古清音

琴歌一曲关山月,欣解先贤寂寞心。
日落孤峰登绝壁,时闻空谷鹤低吟。

五绝·秋日闲居

雁过愁心去,山闲好月来。
四时皆自在,庭院菊花开。

五绝·山中听雨

茅屋坐听雨,青山遍杜鹃。
不知云外事,石上挂飞泉。

七绝·踏雪寻梅

古寺迎春盼福安,梅花十里锁山峦。
林中踏雪千岩冷,世外高僧定耐寒。

五绝·太古春

琴上听流水,逍遥太古春。
不闻云外事,离妄见仙真。

五绝·清虚

檐下看秋色,花深竹木疏。
云中仙鹤去,无念得清虚。

临江仙 · 松间石上

松间石上观花落,心中一朵明珠。
抚琴听雨读诗书,静心离妄悟清虚。

芒履布衣无定处,水云皆是吾庐。
轩窗独坐月灯孤,逍遥清净乐无余。

临江仙·晚春暮雨

晚春暮雨青山隐,蒲团满地松阴。
客来无酒话禅心,竹窗幽静抚清琴。

莫道空门无故友,水云皆是知音。
闲中日月胜千金,烟霞高卧百花深。

七绝·溪桥策杖

翠微影里暮云平,瑶草如烟涧水明。
何日结庐山顶上,长闻猿啸鹤鸣声。

七绝·松下听风

芒鞋策杖乐优游,松下听风兴自幽。
水月花云尘外事,空山不记古今愁。

七绝·仙音雅意

白云岩上自闲舒,与友携琴过竹庐。
流水高山知雅意,仙音入耳悟清虚。

五绝·雪落梅林

梅林多雅趣,雪落不知寒。
香远涤尘念,心清自尽欢。

五绝·空山琴韵

幽人松下卧,睡起抚瑶琴。
石上飞花落,空山草木深。

五绝·悟玄

高山清俗念,流水悟玄机。
往事随风去,琼英落羽衣。

七绝·空谷松风

空谷无人自结庐,松风满院世尘除。
白云深处拾瑶草,花落窗前读道书。

五绝·孤舟自渡

钟声鸣古寺,花影落虚窗。
遥望沙鸥去,孤舟自渡江。

七绝·春日山居

瑶草奇花又一春,松窗沐雨净无尘。
琴书做伴客来少,不羡桃源洞里人。

七绝·桃源胜境

古树临风送晚凉,莲花满院尽幽香。
桃源胜境在何处,遥指天边雁几行。

七绝·溪山烟雨

独步桥边碧柳堤,溪山烟雨鹧鸪啼。
云深不记来时路,翠竹黄花入眼迷。

五绝·独坐松云

山深尘事远,苔径遍琼花。
独坐松云顶,丹崖赏落霞。

七绝·栖隐空山

栖隐空山远世尘,烟霞猿鹤自相亲。
浮云富贵红炉雪,梅绽清香又一春。

七绝·道情

洞天清绝远尘喧,惟念师尊法乳恩。
琴剑相随无客至,松云翠竹忆昆仑。

七绝·溪山秋色

溪山秋色染层峦,千里烟霞座上观。
欲问道人何处去,白云深锁石门寒。

七绝·优游林下

优游林下畅幽情,云隐松梢待月明。
忽有风来飞雨过,惟闻枯叶作溪声。

七绝·山林客

泉上飞花入翠烟,茅亭深隐白云边。
此生长做山林客,一卷南华不记年。

七绝·山居吟

去留无意自康宁,绝顶孤峰采茯苓。
若问山中何所有,白云松下两函经。

五绝·山中春晓

苔径傍清溪,重檐古木齐。
山中无客至,春晓早莺啼。

五绝·山中雨后

雨后眺新晴,人闲竹石清。
山中灯火杳,无事一身轻。

七绝·闲坐竹亭

雨过春山万木青,花香风暖自清宁。
世间最是怡情处,一个闲人坐竹亭。

七绝·松鹤同春

松鹤同春寓吉祥,疏林风过绿荫凉。
云亭几日无人至,让与山花自在香。

七绝·崂山渔隐

崂山胜境远尘喧,与友寻诗坐忘言。
海上渔舟时隐没,身闲从不羡桃源。

七绝·云山墨戏

云山墨戏谱新篇,观雨听松莫问禅。
坐看春花开又落,长居空谷不知年。

七绝·寒江鸥鹭

远山如黛水连天,茅舍无人浸暮烟。
日落寒江鸥鹭起,芦花深处一渔船。

七绝·山静日长

香花翠竹四围栽,蝶舞蜂飞入座来。
山静日长无世虑,几间茅屋自悠哉。

七绝·普陀春色

苍茫云水远尘寰,紫竹琼花展妙颜。
一柱青烟残梦醒,普陀春色满人间。

七绝·寒江独钓

寒江暮雪落孤鸿,千里烟波一钓翁。
四野苍茫天际远,浮云聚散尽随风。

七绝·苍山幽赏

苍山秀色眼前收,日暖风和雨亦柔。
作画吟诗尘事远,好花佳月自优游。

七绝·溪山雨霁

溪山雨霁白云孤,庭院花深俗事无。
尘尽光生观自在,心中长有一明珠。

七绝·山中春事

松花酿酒果蔬鲜,春水煎茶几亩田。
夜读南华尘梦醒,一轮明月照庭前。

七绝·水月空花

浮名薄利勿劳神,水月空花莫作真。
心住太虚离幻网,瑶台归去坐麒麟。

七绝·濯足清溪

桃源三百里,长啸坐山巅。
濯足清溪上,飞花落碧渊。

七绝·花落水流

垂髫童子戏蜻蜓,雨后青山似画屏。
花落水流春已去,溪边独坐读黄庭。

七绝·武当草堂

落日余晖映武当,红墙碧瓦沐金光。
机心顿忘江湖远,几片闲云过草堂。

七绝·月落花溪

浮云过尽万重山,栖隐终南自得闲。
月落花溪香气远,草亭独坐不知还。

七绝·山林客

千里松云展翠屏,落花如雨漫空亭。
此生长做山林客,冬去春来草自青。

七绝·崂山栖隐

云水三千远利名,潮音入耳月无声。
山花草木皆知己,琴剑相随别有情。

七绝·潇湘水云

黄庭读罢意无穷,满院松花沐雨风。
遥望潇湘云水阔,烟波千里一孤篷。

五绝·秋山读易

秋山皆秀色,寒水落斜曛。
闲坐读周易,丹枫映白云。

五绝·山居幽赏

玄鹤落花影,松风拂古书。
山深尘事远,明月入吾庐。

七绝·观瀑抚琴

长居幽谷不知年，观瀑临风抚七弦。
松冷云深花落去，空山别有洞中天。

七绝·直上青云

栖居幽谷万缘空，风起花飞落草丛。
直上青云登绝顶，闲观山色有无中。

七绝·空谷清音

空谷时闻太古音，秋山雨霁翠屏深。
竹风云影自来去，独坐书斋抚玉琴。

七绝·春山古寺

古寺凌云绝壁悬,桃花流水洞中天。
相逢莫论荣枯事,松柏长青不记年。

七绝·秋山听雨

独坐书斋抚素琴,静听雨落洗尘心。
长安旧梦今何在,惟见秋山草木深。

七绝·禅茶一味

云锁柴门免送迎,花溪十里眺新晴。
禅茶一味寻真意,明月还来共笛笙。

五绝·春山寻隐

古树绽新绿,春花落又开。
山中寻隐士,石径满苍苔。

五绝·春山行吟

身闲远利名,尘事不相争。
来去无牵挂,春山深处行。

七绝·春山忘机

桃花如雨落青衣,观瀑听云顿忘机。
踏遍春山无可得,风摇竹影入柴扉。

七绝·万壑松风

百丈危崖万壑松,时闻暮鼓与晨钟。
山僧不问红尘事,坐看闲云过雪峰。

七绝·求真

四十余年道未成,老君堂上白云生。
寻师访友求真诀,水月空花梦里行。

七绝·独坐竹亭

芒鞋策杖入山深,梦里仙踪无处寻。
独坐竹亭时小憩,松云花海遍清音。

留春令·栖隐

隐于空谷,世尘隔绝,静听花落。
自在安然度流年,乐恬淡、无缠缚。

月照庭前闻雅乐,梦里骑仙鹤。
修竹千竿送清凉,读经卷、宁心魄。

留春令·离幻

碧霞宫里,月明如昼,琴音悠远。
读诵金书一炉烟,世间事、皆如幻。

万里山河无眷恋,手摇鹅毛扇。
清净无为乐天真,看鹤去、花溪畔。

七绝·终南栖隐

终南栖隐享清闲,古树花溪屋几间。
坐看白云来复去,只留春色满空山。

七绝·苍山茅屋

三间茅屋傍溪斜,读罢诗书食枇杷。
坐看苍山春色好,几株茶树伴桃花。

五绝·春山寻隐

古树绽新绿,春花落又开。
山中寻隐士,石径满苍苔。

七绝·春云叠嶂

春云叠嶂觅新诗,妙手丹青戏墨池。
挥笔神游天地外,不知花落已多时。

七绝·草亭抚琴

轻抚丝弦坐草亭,溪边童子戏蜻蜓。
山中岁月无多事,常诵玄门清静经。

七绝·花溪箫声

箫声一曲过花溪,日暖风和众鸟啼。
若问仙人何处觅,竹林深处紫云栖。

七绝·书斋墨戏

鹧鸪声里过花田,独坐书斋理旧笺。
最爱山中风月好,常濡淡墨写林泉。

七绝·书斋清赏

落花满院素茶烹,独坐书斋远世情。
一卷南华观物妙,苍藤古木傍云生。

七绝·书斋抚琴

独坐书斋抚玉琴,风清竹密落花深。
高山流水寻真意,欣解先贤寂寞心。

七绝·春山幽赏

如画春山眼底收，更无一事挂心头。
草亭独坐云来去，花落清溪水自流。

望江东·溪山幽赏

闲坐庭前望云去。彩蝶舞、荷尖露。
清风皓月本无主。竹影里，寻幽趣。

溪山野鹤为吾侣。俗事远、无忧惧。
读完经卷阅琴谱，悟真道、无言语。

望江东·秋山幽赏

闲坐庭前品香茗。看雁过、孤峰顶。
风摇竹叶落花影。独坐处、苍苔冷。

松花酿酒知音赠。忘俗事、心清净。
月明如水读歌咏,客来少、神仙境。

七绝·太湖幽隐

归来幽隐太湖滨,十里烟波古树新。
遥望灵山春色好,桃花深处是何人。

七绝·空山幽隐

草堂风暖沐松荫,独坐庭前抚素琴。
莫道空山多寂寞,花香满院染衣襟。

五绝·风雷引

竹深无客至,明月入柴扉。
一曲风雷引,飞花落羽衣。

七绝·采药

碧瓦红墙绚晚晴,竹林深处紫云生。
道人采药无踪迹,一径天梯独自行。

七绝·春日吟

百年古树吐新芽,众鸟归巢醉落霞。
梦里家山何处觅,一溪春水映桃花。

七绝·苍山幽隐

浮云散去一身轻,幽隐苍山免送迎。
洱海无波尘事远,只邀明月共吹笙。

点绛唇·栖隐苍山

栖隐苍山,布衣芒履春秋度。
不知寒暑。闲看蜻蜓舞。

翠竹黄花,胜境寻仙侣。觅幽趣。
落红如雨。尽我逍遥处。

点绛唇·桃花院

碧瓦红墙,白云深处风光秀。
溪边赏柳。风暖多蝌蚪。

满院桃花,香染青衣袖。读经咒。
玄机参透。日月为吾友。

五绝·丹东江桥

远山皆黛色,白鹭上晴空。
春水明如镜,江桥落彩虹。

七绝·武当幽居

万丈丹崖百尺松,武当金殿白云封。
功名利禄随风去,满院春花香溢浓。

七绝·东篱赏菊

东篱赏菊拾松子,满院黄花映紫霞。
独坐书斋听鸟语,秋风伴我读南华。

七绝·道人舞剑

道人舞剑竹林中,瓦鼎青烟无影踪。
尘念皆抛天地外,闲云飘过两三峰。

楼上曲·终南山居

长卧终南山色里。悠然淡看风云起。
闲坐林间读楚辞。常观翠鸟攀杨枝。

花落清溪随水去。拾得灵芝松根煮。
一蓑烟雨绝尘埃,玄机参透赴瑶台。

楼上曲·逍遥

闲坐庭前车马少。琴书做伴无人扰。
遥看春花落小桥。山猿野鹤皆逍遥。

踏遍浮云尘事远。日暖风和人慵懒。
孤然一性觅天真,清风明月满乾坤。

五绝·归来

地僻尘嚣远,花深瑞草齐。
归来人未老,竹院自幽栖。

七绝·夏日幽居

琴音入耳竹荫凉,怀抱经书觉昼长。
俗念不生窗几净,息心默坐一炉香。

五绝·春山闲居

野鹤落清溪,春山秀竹齐。
尘埃飞不到,时有早莺啼。

七绝·青城山居

竹海云深鸟不惊,尘埃落尽隐青城。
三清胜境寻仙侣,花落清溪做雨声。

七绝·山林诗情

满院春花映夕阳,闲寻新句坐幽篁。
笔端常写山林趣,一片诗情伴墨香。

七绝·琴上听泉

满屋诗书抵万金,闲来轻抚七弦琴。
清歌一曲听泉引,千古烟云无处寻。

七绝·仙人抚琴

独坐庭前花影深,流泉入耳洗尘心。
山中野鹤传音信,邀得仙人来抚琴。

七绝·归元

一卷坛经远俗喧,三千妙法尽归元。
庭前柏树无言语,终日山僧独闭门。

七绝·春日吟

琴书相伴复何求,闲看浮云任去留。
一夜春风花落尽,百年皆是梦中游。

七绝·武当山居

幽居空谷不知年,独坐松云抚七弦。
太古遗音无限意,紫霄宫里悟前缘。

更漏子·闲情

卧松云,人慵懒。物外有何牵绊。
看鹤去,抚瑶琴。桃源不必寻。

车马慢,灯火远。幽谷日和风暖。
金不换,一身闲。天心共月圆。

更漏子·道情

听松风，观飞瀑。俱是真常清福。
与童子，奕围棋。琼花落羽衣。

青云上，幽兰赏。竹院风清月朗。
悟妙道，了前因。山中降紫云。

忆少年·逍遥

无来无去，无牵无挂，无忧无虑。
观云起云灭，看黄莺飞舞。

梦里蓬莱寻道祖。骑白鹤、满天花雨。
幽香染衣袖，正我逍遥处。

忆少年·繁花

一池春水,一轮明月,一炉烟火。
观蜂蝶飞舞,摘山中鲜果。

采药归来松下坐。悟前生、本来无我。
烟云过尽处,看繁花万朵。

七绝·峨眉山居

坐看流泉卧看松,一琴一剑远尘踪。
白云深处无人至,夜宿峨眉听晚钟。

七绝·水云居

道人只爱水云居,闲坐松窗读古书。
满院梨花如落雪,唤来童子对仙棋。

七绝·溪山雨霁

溪山雨霁绿荫成,独坐空亭眺晚晴。
雀跃莺啼人欲醉,繁花落尽紫云生。

五绝·山居

尘事有千变,浮生难百年。
山中风月好,无事小神仙。

七绝·笔底烟云

蛙唱虫鸣车马少,常濡淡墨写青山。
长安旧梦随风去,笔底烟云自得闲。

七绝·采药

古木藤萝作四邻,山中采药觅奇珍。
寻师误入云深处,只见桃花落水滨。

锦帐春·忘机

春水煎茶,微风和煦。寂然忘机恬然度。
故人遥,芳草绿,久作长安旅。何时归去。

竹下泉边,白云鸥鹭。抚琴舞剑皆雅趣。
远浮名,无毁誉。看落红无数。无风无雨。

锦帐春·无忧

燕舞莺歌，日和风暖。读书抚琴人慵懒。幻缘空，尘念绝，看云舒云卷。了无羁绊。

世事无常，俗尘皆幻。利名远离无挂牵。坐庭前，天色晚。赏春花满院。无忧无倦。

七绝·春日山居

翠竹千竿绕石墙，山前茅舍沐晨光。
蜂飞蝶舞无人至，一树梨花满院香。

七绝·崂山幽居

太清宫里春光好，唤得仙童来弈棋。
花落青衫天地阔，此中妙趣有谁知。

七绝·空山默坐

蒲团默坐道心长,满院兰花自在香。
莫说空山无故友,天边常见雁成行。

五绝·晚春暮雨

暮雨拂青竹,花香人欲眠。
不闻尘俗事,高卧万山巅。

七绝·崂山幽隐

庭院花深覆草庐,听松观海碧云舒。
崂山幽隐寻仙侣,雅趣从来不在渔。

七绝·松花酿酒

几朵祥云过草堂,庭前幽竹点秋霜。
山中岁月无多事,闲拾松花酿酒浆。

五绝·寒山月夜

寒山无客至,故友是梅花。
月照庭前雪,红炉煮素茶。

七绝·山中春色

不闻世事读南华,心系三清扫落花。
最是山中春色好,白云深处道人家。

燕归梁·天真

只见桃花不见人。书斋养天真。
浮名从未绊闲身。繁花落、尽归尘。

炉香乍热,琴音悠远,无事即良辰。
梦中骑鹤戏麒麟。好风月、自相亲。

燕归梁·闲情

幽谷无人自在行。梧桐落黄莺。
春花秋月伴闲情。拾芝草、做汤羹。

京华旧梦,随风而去,庭院遍琼英。
山中草木自枯荣。松云上、弄琴筝。

七绝·四时春

松竹梅兰皆故人,院中尽赏四时春。
案前常有书千卷,心上毫无半点尘。

七绝·闲坐书斋

闲坐书斋读古诗,梦中采菊入东篱。
何时长做桃源客,邀得仙人来弈棋。

五绝·蝶梦

浮生梦一场,世事尽沧桑。
富贵如朝露,庄周蝶梦长。

五绝·秋山幽居

庭前青竹瘦,窗外菊花黄。
飞鸟落苔径,闲云过草堂。

五绝·山居

山中风月好,花落满苍苔。
众鸟庭前过,泉声入耳来。

五绝·墨戏

真心如满月,清净似琉璃。
笑看风云起,丹青戏墨池。

五绝·桃花院

燕舞桃花院,黄莺落草丛。
山中何所得,闲坐对春风。

五绝·听松

幽谷蝶蜂舞,听松尘念消。
春风皆过客,云上自逍遥。

五绝·寻仙

幽谷遍云雾,仙人不可寻。
风中松子落,竹下早莺吟。

五绝·归去

归去踏明月,泉声伴我眠。
山中无甲子,往事尽如烟。

七绝·闲情

竹下泉边寄此身,心头无事即良辰。
他年骑鹤乘云去,愿作蓬莱座上宾。

七绝·春云叠嶂

茅屋三间傍水居,春云叠嶂落花迟。
山中近日客来少,明月清风尽入诗。

七绝·松涧听泉

道人采药白云间,松涧听泉尽得闲。
读罢南华无一事,临风坐看万重山。

七绝·溪山幽隐

幽隐溪山妙趣多,闲观明月忆嫦娥。
花开花落云来去,古渡斜阳映碧波。

七绝·苍山幽隐

一池春水映云泥,庭院花深众鸟啼。
幽隐苍山无长物,千竿翠竹与天齐。

七绝·日落花溪

竹林深处彩云飞,日落花溪众鸟归。
古寺钟声无觅处,青烟几缕入斜晖。

浪淘沙令·山居

翠竹绕柴扉。燕舞莺啼。
深山幽谷采灵芝。田野飘香人欲醉,佳果低垂。

晨露湿青衣。风拂杨枝。
浮云踏遍未曾迷。蝶舞虫鸣春色好,日照花溪。

浪淘沙令·清欢

静坐一炉烟。遥望前川。
书斋独坐远尘喧。云水三千皆入画,尽享清欢。

花落海棠湾。顿悟幽玄。
安然自在度流年。人在山中无俗虑,即是神仙。

七绝·春日山居

人在深山远利名,落花满院月无声。
茶香袅袅书千卷,一榻春风梦亦清。

五绝·独钓

溪边一钓翁,独坐小桥东。
日暮天低处,桃花沐暖风。

七绝·黄山幽居

独步黄山第一峰,白云深处觅仙踪。
松间积雾随风去,十里花香分外浓。

七绝·天台山居

紫云古洞与天通,独坐丹崖萧寺中。
翠竹深深无客至,山花摇落一溪风。

七绝·崂山幽居

太清宫里远尘寰,飞鸟孤云自往还。
听雨煮茶风月好,万千俗事不相关。

七绝·九华山居

百岁宫中常闭关,云遮雾障九华山。
炉烟袅袅随风去,古寺依稀翠竹间。

七绝·山中清趣

观雨听泉自在身,松间独坐养天真。
诗书一卷人声杳,猿鹤皆为座上宾。

七绝·夏日山居

三亩方塘千朵莲,数间茅舍起炊烟。
蛙声鸟语共明月,世外桃源在眼前。

七绝·庐中幽趣

独坐茅庐晓古今,山中猿鹤是知音。
身闲不羡长安客,世上何人会此心。

七绝·草堂幽居

听松观雨草堂凉,读诵坛经觉昼长。
莫说本来无一物,炉烟散去梦留香。

七绝·春日幽趣

独步溪边闻鹧鸪,桃花如雨胜珊瑚。
雾中古寺钟声杳,远处青山淡似无。

七绝·仙山春晓

瑶草奇花座上观,庭前翠竹几千竿。
心闲意淡无尘累,他日瑶台驾紫鸾。

七绝·春山读易

幽人读易坐凉亭,满目春山草木青。
只见白云来又去,繁花渐落散余馨。

七绝·春山幽隐

蔬果菌菇设盛筵,春山幽隐尽陶然。
花香竹影书千卷,梦里骑龙上九天。

七绝·抚琴

独坐书斋奏广陵,庭前花落月初升。
琴音散去心尘绝,妄念皆空似老僧。

采桑子·忘机

松花瑶草机心忘,无有尘劳。无有尘劳。
冷月如刀、深夜读离骚。

山中莫问红尘事,自在逍遥。自在逍遥。
听雨观云、独坐奏清箫。

采桑子·归去

南山归去吟风月,人在天涯。人在天涯。
步履芒鞋、云水尽为家。

清闲不羡公侯位,醉卧烟霞。醉卧烟霞。
参透玄机、眼底遍繁花。

五绝·紫阳观

春至紫阳观,青山多白云。
落花随水去,世事未曾闻。

五绝·普陀山居

古寺斜阳暮,青山映白鸥。
普陀春色好,东海泛渔舟。

七绝·春山闲居

遥望春山似凤凰,繁花满院尽朝阳。
丹青妙笔写丘壑,纸上烟云醉墨香。

七绝·笔底江山

丹青不染世间尘,笔底江山吾自珍。
明月清风皆入画,梅兰竹菊尽长春。

七绝·雨后春山

雨后春山万木新,青天如洗净无尘。
庭前花落随风去,闲看松间月一轮。

七绝·弦上听泉

庭前月影落松荫,童子焚香抚素琴。
弦上听泉尘事远,鸟鸣蛙唱和仙音。

五绝·风雅

庭院春花落,蝉声绕竹枝。
庐中风雅事,月下作新诗。

五绝·春山闲趣

春山花落去,晨露湿茅庐。
竹下品香茗,园中拾果蔬。

七绝·山中幽趣

山中莫问何年月,冬去春来草自青。
静夜听钟尘梦醒,松林塔影过流星。

五绝·春山

竹院清风暖,春山花落时。
庐中何所有,明月照琼枝。

五绝·云山墨戏

最是逍遥处,云山墨戏时。
桃花庵里客,今世有谁知?

七绝·普陀幽居

朝礼观音宿珞珈,春花古树吐新芽。
渔舟夕照归来晚,千里烟波映紫霞。

七绝·春山闲居

春水无波拂柳枝,深山古寺落花迟。
僧人不问红尘事,心有明珠谁得知?

五绝·雨后

幽林风雨后,溪涧泛桃花。
独坐看云起,苍苔落晚霞。

七绝·画里桃源

毫端尽赏四时春,淡墨烟云满目新。
画里桃源寻旧梦,青山不染世间尘。

七绝·空谷幽居

鸟鸣蛙唱唤晨曦,庭院花深睡起迟。
空谷幽居无寂寞,瑶琴弹罢写新诗。

五绝·忘归

松间抚七弦,溪上月初圆。
坐久忘归去,苍苔落紫烟。

七绝·水月

镜花水月几人知,定慧双修见等持。
万劫尘埃皆落尽,灵山塔下觅新诗。

眼儿媚·清虚

孤月寒潭步清虚。心上有明珠。
抱琴看鹤,参玄悟道,真乐无余。

蒲团一席无长物,天地是吾庐。
松间闲坐,花开花落,云卷云舒。

眼儿媚·归去

苍竹幽兰掩柴门。世事未曾闻。
南华一卷，清虚恬淡，遥望昆仑。

溪边坐看云来去，瑶草绿如茵。
何时归去，三清胜境，长伴天尊。

五绝·作画

云山皆入画，笔墨写清奇。
终日丹青伴，无人笑我痴。

七绝·笔写春山

且喜无家自尽欢，三千云水入毫端。
流泉飞鸟桃花涧，笔写春山天地宽。

七绝·武当山逍遥谷

我本瑶台座上宾,奈何转世忘前因。
此生长住逍遥谷,万树桃花入梦频。

七绝·冬日山居

松茸枸杞煮人参,香雪煎茶抚素琴。
冬日山居无客至,梅花满院养心神。

七绝·雾锁清溪

雾锁清溪不见鱼,桃花深处是吾庐。
浮云散去无何有,翠竹千竿万卷书。

七绝·山静日长

庭前独奏大胡笳,满院春风扫落花。
山静日长无别事,诗书半卷一壶茶。

五绝·雅事

春水似琉璃,黄莺落柳枝。
庐中风雅事,月下独吟诗。

五绝·虚无

金菊满京都,秋山草未枯。
听松观瀑落,独坐入虚无。

五绝·崆峒山

雨后上崆峒，危崖落彩虹。
天梯云中挂，松下遇仙童。

七绝·采药

武当山上碧云寒，拾得灵芝做药丸。
道炁常存观物妙，梦中骑鹤谒仙坛。

七绝·峨眉幽居

水月光中寄此身，峨眉胜境悟前因。
梦游华藏庄严界，花雨缤纷不染尘。

七绝·普陀幽居

紫竹林中闻夜莺,梵音缭绕晚钟鸣。
经书一卷无余事,卧枕松涛听雨声。

七绝·崂山栖隐

太清宫里养天真,栖隐崂山远世尘。
观海听云参妙道,千金难买一闲身。

七绝·笔底潇湘

一人一剑一渔舟,纸上林泉真意收。
笔底潇湘烟水阔,落霞孤鹜一江秋。

七绝·问道

古树盘根似卧龙,山深无处觅仙踪。
道人不问红尘事,闲看浮云过险峰。

七绝·悬空寺

千年古寺半空悬,一径天梯在眼前。
独步恒山孤绝处,春花如雪益娇妍。

七绝·溪山雨后

雨后溪山草木青,闲书半卷坐空亭。
一湾碧水明如镜,万壑松风入耳听。

纱窗恨·雨后崂山

崂山雨后秋风冷。月如灯。
太清宫里心清净。诵金经。

远尘事、看云来去,潮起落、雁过无声。
醉卧烟霞,任闲情。

纱窗恨·云山墨戏

云山墨戏无羁绊。远尘喧。
月圆花好春风暖。水潺潺。

笔尖上、有竹兰菊,桃源洞、野鹤林泉。
独坐书斋,尽清欢。

七绝·春山闲趣

陌上云烟拂柳丝,春山风暖夕阳迟。
忽来一阵杏花雨,满院幽香尽入诗。

七绝·春水渔舟

桃花飞入太平湾,江渚沙鸥人共闲。
吟罢渔歌无一事,夕阳斜照万重山。

五绝·春山闲居

山静松声远,风清花气香。
池塘春水暖,童子戏鸳鸯。

七绝·听雪

幽居空谷远尘寰,满院梅花展笑颜。
邀得知音听雪落,弦歌雅集共消闲。

五绝·听瀑

独步松林下,空山景物幽。
悠然听瀑落,石上碧溪流。

七绝·兰香院

清风吹彻碧云寒,梦里乘龙谒紫坛。
最是山中秋色好,花香满院遍幽兰。

五绝·溪山行旅

山深难至处,麋鹿自成群。
瀑落惊飞鸟,孤峰映白云。

五绝·书斋雅事

书斋听暮雨,默坐一炉香。
沐手抄经卷,荷风送晚凉。

七绝·听松观瀑

独步幽林自尽欢,听松观瀑立云端。
苍崖古寺无人至,花落清溪山月寒。

七绝·春江渔隐

花落春江逐水流,何时归去泛渔舟。
余生不问红尘事,万里烟波得自由。

七绝·春山秀色

千年古寺傍花溪,万壑苍崖野鹤栖。
雨后春山多秀色,一池碧水映虹霓。

七绝·月夜赏荷

蛙鸣鱼戏弄清波,暑气微消凉意多。
风过池塘香满院,举杯邀月赏新荷。

七绝·崂山幽隐

寻师访友觅神仙,幽隐崂山结妙缘。
落日归帆烟水阔,沙鸥云影共陶然。

五绝·林下会友

林下会师友,相谈竹石间。
溪边浮鹤影,暮色染青山。

烛影摇红·山居闲趣

漫步林间,一潭清水鱼儿戏。
蛙鸣鸟语共欢歌,日落炊烟起。

山药菌菇枸杞。煮时蔬、红炉鼎沸。
夜空如洗,竹荫清凉,泉声入耳。

烛影摇红·笑傲林泉

笑傲林泉,鸟鸣鹤舞花溪畔。
万千尘事尽如烟,栖隐桃花院。

坐看浮云聚散。任逍遥、山长水远。
不闻世事,自在从容,心清体健。

七绝·书斋墨戏

山中雨后竹荫凉,几只黄莺落海棠。
独坐书斋无别事,常濡淡墨写潇湘。

七绝·春山暮色

桃花如雨落青衣,十里春风入翠微。
几缕炊烟闻犬吠,一轮山月伴人归。

七绝·采药归来

草木逢春蜂蝶忙,紫藤花海绕山房。
道人采药归来晚,香染青衣梦亦芳。

七绝·花香鹤影

两扇柴门对水开,桃花数朵落苍苔。
青山时隐烟云外,风送幽香鹤影来。

七绝·秋山闲趣

柿子垂枝任我尝,拾来芝草做羹汤。
山深路险无人至,唯见天边雁一行。

七绝·溪山幽隐

幽隐溪山一草庐,竹林深处傍云居。
柴门尽日无多事,品茗焚香读道书。

七绝·访山僧不遇

翠柏苍松叠嶂间,云梯石径险登攀。
夕阳斜照千岩冷,欲访山僧却闭关。

五绝·幽涧清溪

幽涧遇山猿,松花落竹轩。
清溪浮鹤影,恍若入桃源。

秋蕊香·桃源洞

千古烟云如梦。万里溪山相拥。
此生长住桃源洞。终日无迎无送。

祖师真诀千金重。忆崆峒。
蒲团默坐丹经诵。常见云中龙凤。

秋蕊香·苍岩松雪

坐看苍岩松雪。遥望水清天阔。
焚香沐手金经阅。昼夜参禅无歇。

无来无去无生灭。忆诸佛。
菩提妙法无言说。明月本无圆缺。

七绝·华山云梯

华山独步上云梯,众鸟清啼入耳迷。
一阵西风花落尽,千年古木与天齐。

七绝·幽篁鹤影

独步溪山闻妙香,飞花鹤影落幽篁。
白云深处遇童子,一曲清箫引凤凰。

七绝·归来

归来只见万山青,松下云端采茯苓。
麋鹿成群玄鹤舞,孤峰顶上诵仙经。

七绝·华山幽趣

华山险道似悬龙,野鹤常栖岩下松。
闲坐窗前花满径,草堂尽被白云封。

五绝·湖山清夏

白鹤乘云去,湖山降紫烟。
今宵何处去,泉侧竹林边。

五绝·高岩听雪

高岩听雪落,幽谷不知春。
无处觅仙侣,梅花做四邻。

五绝·松壑流泉

苍岩闻鸟语,松壑有人家。
行至云深处,流泉逐落花。

七绝·月照秋山

月照秋山慢煮茶,庭前古树宿寒鸦。
不知松竹何年种,苔径清溪见落花。

红窗迥·华山幽隐

明月中,真意显。石径遍苔藓,七星璀璨。
长住华山宫观,鹤影浮绝涧。

笑傲烟霞无牵绊,竹下听雨落,黄粱梦断。
世事不由人算。万法皆是幻。

红窗迥·真味

幽谷中,宿古寺。竹林傍清溪,远山新翠。谁解此中真味,读经增福慧。

笑看烟云无一事,独坐听瀑落,清闲最贵。无虑亦无尘累。日月如逝水。

七绝·秋江独钓

十里青山水上流,芦花深处卧沙鸥。
尘思万缕随风去,一曲渔歌坐钓舟。

七绝·溪山清夏

遥望银河听瀑落,六根于此洗尘嚣。
溪山夏夜无多事,闲坐庭前奏笛箫。

浪淘沙令·五台山居

松柏换新装。花落禅堂。千年古寺话沧桑。一卷经书尘事远,钟鼓悠扬。

静坐一炉香。月照轩窗。五台山上胜仙乡。醉卧烟霞无一事。无上清凉。

浪淘沙令·武夷山居

烟水一孤篷。薄雾重重。大王峰下远尘踪。几亩茶园香气远,鹊落梧桐。

来去自从容。春夏秋冬。柴门无锁白云封。醉卧武夷山色里,无问西东。

七绝·笔底潇湘

烟波千里一渔翁,两岸桃花沐暖风。
笔底潇湘春色好,水云深处乐无穷。

七绝·策杖寻幽

白云深处不思家,策杖寻幽赏落霞。
梦里不知谁是我,醒来淡月映梅花。

七绝·溪山清夏

溪山夏日客尘稀,蛙鸟虫鱼俱忘机。
欲访仙源无觅处,泉边闲坐待云归。

七绝·山居清趣

炉香乍热弄琴筝,最爱山居远世情。
闲看庭前花雨落,菩提树下悟无生。

七绝·洞天幽境

翠微深处洞天幽,不问人间几度秋。
弹罢瑶琴无别事,庭前坐看碧溪流。

小重山·天真

空谷幽居又一春。诗书为伴侣、度晨昏。
心头从不挂纤尘。松云上、猿鹤自成群。

静夜望星辰。庭前花落去、忆昆仑。
钟声惊醒梦中身。蒲团坐、离欲养天真。

小重山·溪山春日

春至溪山景更明。庐中风月好、弄琴筝。
拾花采药素茶烹。炉香热、沐手阅金经。

草木自枯荣。林中藏古寺、遇山僧。
万千尘事不相争。苍崖下、常见紫云生。

七绝·溪山幽隐

幽隐溪山享静闲,桃源胜境落人间。
栽花种竹无多事,常见孤云自往还。

七绝·苍山春晓

百里苍山似画廊,春花满地碧溪凉。
竹林深处无人至,喜鹊登枝报吉祥。

七绝·云山墨戏

树掩茅庐隐者居，云山墨戏乐无余。
忽来花雨窗前落，众鸟齐飞尘念除。

七绝·峨眉幽隐

春花古树掩柴门，常入深山采竹荪。
幽隐峨眉无别事，清心静虑洗尘根。

七绝·书斋会友

两扇轩窗对水开，桃花如雨落苍苔。
书斋闲坐无他事，故友携琴踏月来。

五绝·笔墨安禅

心上有丘壑,毫端藏大千。
月寒烟树寂,笔墨可安禅。

七绝·春山闲居

桃花飞泻入江湾,独坐春山尽得闲。
莫说仙源无觅处,三清胜境落人间。

七绝·笔底江山

毫端不染世间尘,笔底江山烟树新。
花落水流无限意,桃源胜境自家珍。

卜算子·良宵引

　逍遥抵千金，富贵无须论。
自在安然度流年，往事都休问。
　满院遍花香，独奏良宵引。
长住山中无甲子，大道归混沌。

卜算子·蓬莱岛

　随师入深山，长住蓬莱岛。
冬去春来草自青，花落无人扫。
　松下拾茯苓，泉水烹仙草。
问我修行何所得，莫向人间道。

七绝·洞庭秋居

片片飞花落草堂,沙鸥云影共翱翔。
洞庭秋水三千里,何处青山不故乡。

七绝·明月海棠

独坐书斋奏酒狂,清茶一盏胜琼浆。
琴音唤醒红尘梦,明月如灯照海棠。

苏幕遮·秋山幽居

倚长峰,晨露冷。独步林间,古寺闻钟磬。
一缕青烟尘梦醒,雁过寒潭,碧水浮花影。

望秋山,如画屏。翠竹黄花,月下烹佳茗。
精进修行须勇猛。涤尽尘埃,心水明如镜。

苏幕遮·桃花岛

火炉红,烟袅袅。读诵丹经,花落无需扫。
退隐归来人未老。几亩良田,长住桃花岛。

入深山,寻药草。十里花香,松下闻猿啸。
无欲无求观物妙。参透玄机,明月来相照。

七绝·仲秋吟

桂花沐雨落苍苔,两扇柴门对水开。
闲坐庭前香气远,箫声徐引鹤归来。

五绝·听雨

庭前听暮雨,古树绕山房。
时有桂花落,风清满院香。

七绝·松间春雪

梅香几缕透晴空,闲看松间春雪融。
一曲琴音消俗念,是非不到白云中。

七绝·春山幽居

桃花深处洞天幽,千里春山入眼眸。
弹罢瑶琴无别事,抱书倚树乐悠悠。

七绝·溪山雨后

雨后溪山分外青,焚香沐手阅金经。
心闲意淡无尘累,遥望天边北斗星。

七绝·秋至溪山

秋至溪山景更明,老君堂上紫云生。
青烟一缕惊尘梦,兰桂飘香伴我行。

七绝·拾花

独步林间拾落花,溪边垂柳吐新芽。
逍遥恰似云中鹤,何处青山不旧家。

七绝·山僧

竹林深处坐山僧,常诵坛经悟九乘。
绝顶丹崖无客至,琼花似雪月如灯。

七绝·舞鹤

道人舞鹤竹林间,闲看孤云自往还。
花落无声随水去,一轮红日照溪山。

忆秦娥·归去

桃花舞。家山归去斜阳暮。
斜阳暮。流水潺潺,落红如雨。

纷纭世事无需顾。鹧鸪声里山无数。
山无数。无思无虑,无忧无惧。

忆秦娥·五台山居

天地阔。松间石上吟风月。
吟风月。身无长物，木鱼衣钵。

五台山上花如雪。玄机参透无生灭。
无生灭。尘埃不染，无量欢悦。

七绝·春山幽趣

春山晨露湿袈裟，百果园中摘蜜瓜。
独坐庭前无别事，暖风轻拂紫阳花。

七绝·道情诗意

大道无言心自知，溪边野鹤展仙姿。
山中莫问红尘事，明月清风尽入诗。

五绝·抚琴

松下抚清琴,飞花落翠阴。
山中无客至,猿鹤是知音。

七绝·野鹤松云

满院春花自悦欣,南华一卷绝尘氛。
泉边野鹤栖何处,唯见松间一朵云。

七绝·竹院幽栖

一路花阴闻鸟啼,白云深处步天梯。
孤峰绝顶人难至,野鹤常来竹院栖。

七绝·黄粱梦觉

人生百岁似秋霜,终作黄粱梦一场。
草木荣枯言妙法,浮云聚散话无常。

七绝·清音

拾来芝草喂仙禽,与友花前论古今。
尽日相谈无俗事,七弦轻抚奏清音。

七绝·梅院幽趣

梅香满院养精神,雪后琼枝任屈伸。
与友花前重聚首,清茶美酒共良辰。

七绝·作画

毫端妙趣意无穷,遥望苍穹月似弓。
云水三千皆入画,纷纭世事尽归空。

七绝·溪山风月

竹林深处奏清箫,朵朵桃花落小桥。
云影波光尘事远,溪山风月任逍遥。

七绝·了幻

山中岁月不知年,闻法听经了幻缘。
报谢娑婆随佛往,西方净土坐金莲。

七绝·悟道

身如泡沫住风中，命似浮云落彩虹。
若问神仙何处觅，道人挥手指虚空。

七绝·无量光

一生佛号做舟航，心念弥陀无量光。
临命终时无挂碍，银台迎我也无妨。

七绝·秋山萧寺

雨打芭蕉万树清，丹崖绝壁一人行。
秋山萧寺客来少，唯有晨钟暮鼓声。

七绝·寻仙

鸥鹭凌空溪上飞,春花古树掩柴扉。
山中终日无多事,幽谷寻仙伴月归。

七绝·溪山云起

行至溪山云起时,琼花玉树展仙姿。
苍崖绝壁人难至,独坐松间觅好词。

七绝·独坐空亭

独坐空亭望碧川,桂花香里月初圆。
松风入耳人声绝,只见孤鸿落水边。

七绝·庐中雅集

庐中雅集聚高才,太古清音入耳来。
翰墨飘香书锦绣,桃花朵朵落苍苔。

七绝·书斋墨戏

书斋墨戏自从容,闲看浮云过险峰。
一席蒲团浑入定,万千尘事了无踪。

七绝·三清胜境

踏雪寻梅逸趣增,三清胜境遇高僧。
答疑解惑真机显,妙法菩提传慧灯。

七绝·庐山幽居

看遍庐山几十峰,禅堂尽被白云封。
经书一卷无长物,夜宿东林听晚钟。

七绝·崆峒道人

崆峒山中老道人,柴门茅屋足容身。
金丹已结元神出,大地平沉明月新。

五绝·幽居

快乐似神仙,幽居远世缘。
苍崖无客至,空谷水潺潺。

五绝·闲趣

竹下无风雨,花间尽得闲。
瑶琴添雅趣,月色满苍山。

五绝·秋山

丹崖采茯苓,松下两函经。
空谷无何有,秋山草木青。

七绝·道情

长坐蒲团忆老君,红尘俗事未曾闻。
清琴一曲弹罢处,野鹤衔芝入暮云。

七绝·夏日幽居

庭前石径遍青苔,羽扇轻摇自乐哉。
独坐轩窗天色晚,荷风拂面故人来。

七绝·山僧

深山空谷远尘烟,冬去春来不记年。
晨起钟声无觅处,蒲团默坐自陶然。

七绝·归元

茅屋三间傍水居,俗尘至此尽消除。
西来未解祖师意,返本归元觅一如。

七绝·乐道

不慕功名不爱财,柴门虚掩白云来。
仙童与我归来晚,喜见桃花满院开。

七绝·冬日山居

一席蒲团总闭关,道心长与白云闲。
北风无意扫残雪,满院梅花展妙颜。

七绝·草堂闲居

片片梅花落雪山,松声入耳远尘寰。
草堂终日无多事,闲看孤云自往还。

五绝·参禅

松声长入耳,默坐独参禅。
空谷无何有,飞花落涧泉。

五绝·默坐

默坐了尘缘,香花献佛前。
一心无赘物,明月伴人眠。

七绝·终南冬日

蒲团默坐沐金光,枯竹苍松落雪霜。
冬日终南无客至,梅香鸟语绕禅房。

七绝·普陀冬日

明月无声照碧湾,山僧默坐掩禅关。
普陀冬日客来少,常见梅花落竹间。

五绝·登山

危崖独自攀,僧舍两三间。
坐看云来去,山花尽得闲。

七绝·珞珈山居

了却尘缘宿珞珈,一茶一饭一袈裟。
钟声隐入云深处,月影波光映桂花。

七绝·花溪水月

心无挂碍似枯藤,长住松云最上层。
风过花溪尘念绝,水中明月愈清澄。

五绝·观雨

空谷无何有,心中藏大千。
野塘观暮雨,鱼跃戏青莲。

七绝·独坐嵩山

独坐嵩山俗念空,少林寺里雪初融。
参禅习武寻真谛,闲奏清箫明月中。

五绝·客至

莺啼秋涧寒,默坐白云端。
远客携琴至,仙山座上观。

五绝·秋山

黄花落满庭,竹下读坛经。
默坐听云起,秋山似画屏。

五绝·采药

云端采茯苓,坐看万山青。
飞涧逐花影,黄莺落竹亭。

南乡一剪梅·苍山幽居

燃烬一炉烟。坐看桃花落水湾。
长住苍山无俗虑。春也怡然。夏也怡然。

听雨抱书眠。自在逍遥不羡仙。
洱海无波尘事远,身亦悠闲。心亦悠闲。

南乡一剪梅·终南幽居

无事弄琴筝。独坐书斋远利名。
万里山河皆入梦。心亦澄明。境亦澄明。

花木自枯荣。竹掩柴门免送迎。
醉卧终南无一事,风也轻盈。云也轻盈。

五绝·悟玄

山静悟幽玄,林深自在眠。
浮云皆过客,切莫苦攀缘。

五绝·山月

轩窗对翠微,山月入柴扉。
竹下闻啼鸟,林间过客稀。

七绝·独坐书斋

独坐书斋破寂寥,庭前青草欲齐腰。
白云渐起桃花落,玄鹤凌空过石桥。

七绝·溪山胜境

佳果时蔬颜色鲜,庭前流水自涓涓。
溪山胜境无寒暑,草长花开又一年。

七绝·山中暮雨

山中暮雨送清凉,十里青莲两袖香。
与友相谈无可说,炉烟袅袅绕禅房。

七绝·桃林花话

门外桃林独自栽,静观花落与花开。
若人问我西来意,笑指苍岩覆绿苔。

五绝·山僧

钟声无处觅,落日掩柴扉。
古寺青烟起,山僧独自归。

五绝·秋山

秋山松子落,明月伴僧归。
风过竹林寺,云中白鹤飞。

七绝·书斋清赏

书斋清赏独沉吟,纸上仙翁伴瑞禽。
枯润相间传逸趣,丹青水墨寄禅心。

七绝·华山幽居

此身长住华山中，百丈天梯绝路通。
独步苍崖松壑里，白云深处遇仙翁。

谒金门·鹤舞

闭门户。真意无人倾诉。
恒以烟霞为伴侣。庭前花如雨。
坐看白云来去。瓦鼎沉烟几缕。
默坐读经无妄语。溪边玄鹤舞。

谒金门·离欲

茅草屋。每日青蔬白粥。
空谷无人藏野鹿。山深多雅趣。
庭院栽花种竹。静享真常清福。
涤尽尘心离五欲。苔阶添新绿。

五绝·画兰

纸上写幽兰,庐中自尽欢。
仙姿人不识,春意满毫端。

七绝·春日问道

春风习习水潺潺,十里桃花共月圆。
若问道人何处觅,三间茅屋竹林边。

七绝·咏花

山花从不记荣枯，夏长冬藏俗事无。
百岁人生终是梦，宛如飞雪落红炉。

七绝·冬日山居

蒲团默坐远君臣，满院梅花不染尘。
炉火初红听夜雪，空山无有宦游人。

七绝·寒山僧踪

古寺丹崖万壑松，白云深处觅僧踪。
梅香阵阵离尘念，遥望寒山似卧龙。

江月晃重山·清欢

幽谷常临白鹤,碧溪如梦如烟。
养花栽竹不知年。无思虑,明月照床前。

一卷南华在手,闲来琴瑟轻弹。
听松观瀑觅幽玄。逍遥客,独自享清欢。

江月晃重山·桃花院

回首浮生若梦,是非荣辱皆空。
武夷山下远尘踪。桃花院,遥望大王峰。

最喜云山墨戏,逍遥无问西东。
柴门无锁月朦胧。无羁绊,百鸟落梧桐。

七绝·三清山幽居

三清胜境阅经书,心念天尊住太虚。
隐隐钟声云外落,世情从此尽消除。

七绝·红炉点雪

满院梅花做四邻,红炉点雪悟前身。
若人问我西来意,遥指天边月一轮。

七绝·独坐书斋

一夜秋风野菊黄,闲濡淡墨写潇湘。
雁声渐入白云去,独坐书斋日月长。

七绝·溪山秋色

溪山秋色入毫端,翠竹黄花碧水寒。
一叶渔舟随浪起,幽人独钓尽清欢。

七绝·西湖烟树

空亭古寺傍西湖,烟树舟桥淡似无。
闲坐松窗花落去,浮生若梦一须臾。

七绝·独坐书斋

独坐书斋远俗尘,庭前花木又逢春。
谁知将相王侯外,别有优游自在人。

七绝·山中幽居

石上飞花落水渠,苍松翠竹掩茅庐。
山中近日客来少,独坐轩窗读道书。

菩萨蛮·山林趣

此生尽享山林趣。空亭古寺斜阳暮。
幽谷种桑麻。溪边拾落花。
沉香燃一炷。檐下无风雨。
草木自枯荣。庭前紫气升。

菩萨蛮·道情

抱琴看鹤无拘束。松云深处藏麋鹿。
泉水煮清茶。园中摘蜜瓜。
清风明月伴。沐手阅经卷。
静坐一炉烟。天心共月圆。

七绝·静夜读经

千竿翠竹绕茅庐,百草园中摘果蔬。
花影满窗香满室,幽人静夜读经书。

菩萨蛮·道情

www.ingramcontent.com/pod-product-compliance
Lightning Source LLC
Chambersburg PA
CBHW052136070526
44585CB00017B/1845